나만의 책

글 & 그림
완성하기

옮긴이 * 김현아

한국 외국어대학 불어과를 졸업하고 동대학원에서 석사학위를 받았다.
옮긴 책으로는 〈이야기 쓰는 법〉〈북아트를 통한 글쓰기〉를 비롯 다수가 있다.

Pictures&Words Together

초판 1쇄 발행일 2008년 6월 5일
초판 2쇄 발행일 2010년 7월 27일

지은이 폴 존슨
옮긴이 김현아
펴낸이 권성자
펴낸곳 아이북

주소 서울 성북구 동소문 2가 16번지 청암빌딩 7층
전화번호 02)3672-7814
팩시밀리 02)745-5994
e-mail ibookpub@hanmail.net
출판등록 등록번호 10-1953 등록일자 2000년 4월 18일
ISBN 978-89-89968-25-2 13610

Pictures&Words Together
ⓒ1997 by Paul Johnson
This original edition was published by Heinemann, USA
Korean translation copyright ⓒ2008 ibook Publishing Company, Korea
This Korean edition was published by arrangement
with Heinemann, USA through Best Literary & Rights Agency, Korea
All rights reserved

이 책의 한국어판 저작권은 베스트 에이전시를 통한 원저작권자와의 독점 계약으로 도서출판 아이북이 소유합니다.
신저작권법에 의하여 한국 내에서 보호를 받는 계약물이므로 저작권자의 서면 허락 없이 무단 전재와 무단 복제를 금합니다.
또한 전산장치에 저장 혹은 전파를 할 수 없습니다.

나만의 책
글 & 그림
완성하기

폴 존슨 지음　김현아 옮김

아이북

차례

스토리보드에서 책의 완성까지……

1. 새롭게 등장하는 작가와 책 …… 13
2. 작가와 일러스트로 탄생하는 아이들 …… 27
3. 이야기를 만드는 것에서 출발하라 …… 47
4. 글을 다듬고 그림으로 표현하는 북아트 방법론 …… 69
5. 이야기의 등장인물 그리기 …… 107
6. 이야기의 배경 그리기 …… 139
7. 원근법 표현하기 …… 169
8. 글과 그림 평가하기 …… 195

스토리보드에서 책의 완성까지……

이미지가 문자의 뒤를 이을 역사적인 시대에 우리가 들어서고 있다는 주장들이 제기되었다. 이런 주장에 비추어 볼 때 커뮤니케이션 과정에서 이미지의 잠재 가능성을 분명하게 하고, 말이나 글로 표현하는 언어보다 이미지가 더 나은 점과 그렇지 않은 점을 생각해 보는 일이 무엇보다 중요하다.
― 에른스트 H. 곰브리치

아이들이 서로 밀접한 상관관계에서 글로 쓰고 그림으로 표현하도록 가르쳐야 한다고 나는 굳게 믿는다. 이 책은 학생들의 일러스트 기법을 향상시키도록 도와주는 데 중점을 두지만, 글쓰기와 미술은 이 두 가지가 반드시 함께 논의되어야만 할 정도로 유기적이고 문화적으로 아주 깊은 상관관계에 있다. 아이들은 자신의 글을 그림으로 표현하는 과정에서 무엇을 배울까? 글과 그림은 어떤 식으로 서로 영향을 미칠까?

미술은 어느 곳에나 있다

아이들은 수업을 받으면서 여러 가지 그림 형태―공식적인 미술 수업, 역사와 과학 시간에 이용하는 도표와 차트, 노트와 일기에 들어가는 스케치―를 이용할 것이다. 어떤 상황에서 그림은 부가적인 활동 영역, 주어진 임무를 완수한 데 대한 보상이다. 글 한 편을 완성한 학생들은 대개 "그 글에 적당히 어울리는" 그림을 그려보라는 권유를 받는다. 그리고 숨겨진 교과 과정이라는 알려지지 않은 바다에서 학생들은 워크북의 표지나 빈 공간, 가방, 책상, 심지어는 손바닥과 손등에조차 낙서한다.

그림에 담겨 있는 의미

어린아이들은 그림을 그리는 과정을 통해서 글쓰기를 연습한다고들 말한다. 그렇지만 그림을 단순하게 글자의 대용물로 보아서는 안 된다. 시각적인 의사소통은 일할 때나 한가한 시간에나 우리 생활에서 중요한 자리를 차지한다. 사실 이 책은 시각적 의사소통의 아주 작은 일면 – 아이들이 자신들이 쓴 이야기를 그림이 있는 책으로 만들어 내는 – 만 고찰하고 있다.

영화와 텔레비전이 말과 움직이는 그림을 통합하는 것처럼 일러스트가 많은 책은 글로 쓰인 말과 움직이지 않는 그림을 통합한다. 이런 커뮤니케이션의 형태는 두 가지 다 동적으로 무엇인가를 규정하고 이해하는 방식이다.

이야기에 담겨 있는 의미

에릭 칼린(1986)이 말한 것처럼 아이들이 압도적으로 선호하는 글쓰기의 형태는 이야기이다. 특히 공상 과학이나 판타지를 좋아한다. 이런 이야기들은 글을 쓰면서 짜릿한 재미를 느낄 수 있고, 아이들 스스로 만든 세계 속으로 마음이 끌려 들어간다. 그리고 글을 쓴 사람에게는 실질적인 보상을 제공한다. 이야기체의 단조로운 산문은 사람들에 관한 것, 사람들이 처한 특별한 상황, 그 상황의 결과, 그리고 어떻게 그 상황을 헤쳐 나오게 되었는가를 서술한다.

일반적으로 사람들은 글쓰기를 사실이나 허구라고 생각한다. 그러나 아이들에게 이야기 쓰기가 중요해지는 것은 그것을 통해 사고 범위가 넓어질 수 있다는 점 때문이다. 소설가들은 소설을 쓰기로 작정하면 소설을 쓰는 시간보다 역사적·과학적 정보를 모으는 데 더 많은 시간을 들인다. 어떤 아이가 해외로 휴가를 떠나는 가족 이야기를 글로 쓰려면 맨 먼저 여권과 비자를 조사해야 한다. 예방약, 여행 경로, 기후 조건, 지형, 외국어, 그 나라의 역사, 유통되는 화폐, 관습, 음식, 스포츠, 소일거리를 조사해야 한다.

스토리텔링은 다차원적인 생각을 자극하고, 학생들이 모든 교과 과정에서 배운 지식(그리고 철학이나 심리학 같은 인생의 다른 영역을 경험해서 배운 지식)을 선택하고 사용하기 때문에 이것은 글쓰기 교수법에서 특별한 자리를 차지한다.

한때는 스토리텔링이 훌륭한 미술보다 우위를 차지한 적도 있었다. 20세기의 실험적 분위기는 미술을 이야기보다 중요하게 생각하는 경향이 있었다. 비록 최근에 화려한 스토리텔링이 다시 등장하기는 했지만 말이다. 한때 교실에서 인기가 있었던 회화적 구성 pictorial composition은 1960년대에 그 인기가 곤두박질쳤고, 혼합 매체에 대한 천착과 전형적인 '코크 아트 Coke art'가 그 자리를 대신했다. 이런 풍조가 여전히 남아 있기는 하지만 우리의 교실에 이야기가 담긴 그림이 재기하려는 징조가 나타나고 있다.

전에는 어린이 책에서 부수적인 장식물로 여겼던 일러스트의 지위가 최근 들어 상승해 본문과 같은 대접을 받는다. 이제는 교육자들이 아이들의 이야기책에서 그림 '읽기'에 주의를 기울이고, 글로 쓴 이야기에 필적할 만한 이야기를 그림에서 찾아내는 일은 흔하다. 글쓰기만큼이나 지적 과정이 필요한 일러스트는 아이들에게 그들이 가진 제재를 탐색하게 하고, 예술가의 눈으로 느끼고 생각하도록 요구한다. 모아놓은 정보는 두 가지 형식에 고루 스며든다. 하지만 두 가지가 공존할 때 새롭고, 생생한 일면이 창조의 경험을 더해준다. 이 두 가지 '언어'를 서로 관련짓는 방법을 배우는 아이들은 의사소통에 관한 독특한 통찰력을 얻는다.

그림책, 일러스트가 많은 책, 일러스트가 있는 책

이야기책 이면에 담겨 있는 개념이 일러스트의 방식과 일러스트의 양을 결정한다. 일반적인 형태는 이렇다. 아이가 어릴수록 책에 들어가는 일러스트의 양이 많아지고, 본문과 밀접하게 얽히는 경향을 보인다.

아이들의 나이가 많아지면서 일러스트는 뒷받침하는 역할만 하게 되고, 그 양도 줄어드는 경향이 있다. 우리가 이야기보다는 소설이나 픽션이라는 단어를 사용하는 사춘기에 접어든 청소년들의 읽을거리에는 일러스트가 거의 나오지 않는다.

이런 현상이 생기는 이유는 한편으로 교육자인 우리들이 그림을 줄이고 글자를 늘려서 많은 것을 가르치는 데 중점을 두는 방식으로 발전해 가야 한다고 생각하고, 그 생각에 아이들이 길들여져 있는 것과 관련 있고, 또 한편으로는 아이들이 어른으로 성장해 가고, 일정한 해석 범주에 정신을 빼앗기는 과정에서 경험하는 변화와 관련 있다.

그림책에 있는 글자와 그림은 한 페이지에 어우러져 있고, 이야기를 통해 서로 관련을 맺는다. 아주 어린 아이들이 보는 그림책의 경우에 문장 하나하나마다 그에 상응하는 일러스트가 있다. 어떤 때는 그림이 페이지 전체를 차지하기도 한다.

일러스트가 많은 책은 글에 역점을 두고 있다. 부차적이기는 하지만 여전히 일러스트가 중요한 역할을 한다. 이런 경우에 일러스트레이터는 본문 안의 어떤 부분을 강조하거나 확장하는 데 솜씨를 보인다.

좀더 나이 많은 아이를 위해 쓰인 이야기에는 선으로 된 간단한 그림이 더러 있을 뿐이다. 이런 것들은 일러스트가 있는 책의 범주에 속한다. 이런 범주의 책에서 글쓴이와 일러스트레이터는 관련성이 별로 없다. 일러스트레이터는 본문에서 가장 중요한 몇 장면을 골라 시각적으로 표현한다. 글쓰기와 일러스트를 수행하는 학생들의 반응이 막연하나마 이런 범주들을 반영한다. 어떤 아이들은 자연스럽게 글쓰기에만 치우치는데, 그런 아이들의 작품에서는 글쓰기와 일러스트의 불균형이 드러난다. 그리고 '미술에 재능이 있는' 학생들은 일러스트만 고집하는 경향이 있는데 그렇게 되면 아무래도 글쓰기 기량은 더디게 발전할 것이다.

몇몇 커뮤니케이션 작업은 글보다 미술을 통해서 더 쉽게 성취될 수 있다. 그리고 어떤 상황에서는 그림으로 표현하는 것이 글쓰기 과정과 완전히 부적절한 부가 작업이 될 수 있다. 일러스트의 범위와 효과를 알아야만 일러스트가 어느 때, 어느 곳에서 글과 성공적으로, 그리고 목적에 맞게 공존하는가를 판단할 수 있다.

그림 그리기

많은 교사와 부모들은 아이들에게 그림 그리기, 특히 글을 그림으로 표현하는 교수법을 겁낸다. 스스로 그것을 가르칠 만한 역량이 부족하다고 생각하기 때문이다.

이 책은 미술과 관련해서 전문가가 아닌 사람들과 부모들이 서시히 아이들에게 이야기를 시각적으로 표현하는 기술을 습득하도록 하는 데 중점을 두었다.

기본형 책 만들기

아이들이 스스로 만든 책에 글을 쓰게 한다는 것이 내 교육 철학의 주된 사상이다. 1980년대 중반에 기본형 오리가미 책을 안 것이 계기가 되어 나는 아이들의 글쓰기 세계로 들어가는 문을 열었다. 그때까지 그런 일이 가능하리라고는 상상도 하지 못했다. 이런 아름다운 책들은 정말 믿을 수 없을 정도로 만들기가 쉽다. 종이 한 장, 가위 하나, 그리고 간단하게 접고 오리고 다시 접는 방법만 알면 된다.(기본형 아코디언 책과 오리가미 책을 만드는 방법에 대한 설명을 부록에 실었다.)

이 책에서는 이런 기본형 책 형태와 관련해서 그림이 있는 이야기들을 다루고 있다. 나는 전에도(1990, 1993) 교육을 통해 북아트에 접근하는 여러 방법과, 그리고 종이 한 장으로 간단하게 만들 수 있는 여러 종류의 책들(예를 들어 팝업 책과 움직이는 책)을 글로 쓴 적이 있다. 〔이 책에서도 다루고 있는 하드커버 제본과 일본식 측면 제본은 『메이킹북 프로젝트(2006, 아이북)』에서 자세하게 설명했다. 학교에서 하는 책 제본 공작에 관한 더 전통적인 방법에 대해서는 폴린 존슨의 『창조적인 책 제본 Creative Bookbinding』이 훌륭한 입문서이다.〕

일러스트가 있는 어린이 책 출판하기

기본형 책들은 펼치면 평평해지는 종이 한 장으로 만들기 때문에 쉽게 복사할 수 있다. 그런 특성이 미치는 영향은 대단하다. 한 아이가 만든 책을 얼마든지 여러 권으로 만들어 출판해서 학교 안팎으로 배포할 수 있다. 그리고 컴퓨터를 통해 학교 안에서 생활하는 어린 작가들의 공동체 개념이 전국적으로 퍼져 나간다.

작업을 하는 작가와 일러스트레이터

아이들이 그림 그리기와 회화적 구성 세우기, 그리고 본문과 특별한 방식으로 관련짓는 것을 배움으로써 그림이라는 언어를 습득할 때 나는 꾸미기 솜씨보다는 이야기가 있는 그림의 구성적인 측면에 더 관심을 기울인다. 그래서 색깔을 쓰는 방법이나 인쇄하는 기술 같은 것들은 대부분 생략했다.

전문적인 책 일러스트를 연구하는 것이 우리 스스로 어떻게 그것을 만들어 낼까 하는 방법을 이해하는 데 한몫한다. 그러나 그렇게 함으로써 책 일러스트의 기초를 이루는 원리를 터득하지 못하고 그저 전문가의 기법을 모방할 위험에 노출된다. 그것은 우리 스스로가 발견해야 할 무엇이다.

우리는 또 그림 그리기가 글쓰기와는 다르다는 사실을 깨달아야 한다. 단 며칠 만에 글로 쓴 책 한 권에 전문적인 예술가가 일러스트를 완성시키려면 여섯 달이 걸리거나 그보다 더 걸릴 수도 있다. 마찬가지로 한 아이가 한 문장으로 된 에피소드에 적당한 일러스트 하나를 그리느라고 아침나절 내내 매달릴 수도 있고, 대강 한 일러스트를 스케치하는 시간이나 최종적으로 그림을 완성하는 데 걸리는 시간이 똑같을 수도 있다. 글쓰기/그림 그리기 작업에 각각 시간을 얼마나 할애하느냐는 것은 교실에서 이루어지는 북아트에서만 볼 수 있는 독특한 문제이다. 이 문제에서는 교사의 판단과 자유재량이 필요하다.

이 책에 실린 견본들은 맨체스터 주변 지역의 학교에 다니는 학생들의 작품이다. 맨체스터는 내가 현재 거주하면서 가르치고 내 연구를 진행하는 작업실이 있는 곳이다. 대부분의 학생들은 가난한 집안 출신들이거나 혹은 학습 장애가 있으며 동기 부여에 문제가 있다. 그리고 책을 만든다는 것이 헌신적인 교사들에게는 학교 공동체에 대한 자부심을 키우는 방식이 되었다. 그들이 얼마만큼 성취했는지를 전달하기 위해 여기에 작품이 실린 개개인에 대해 설명해야겠다. 독자들은 그들에 대해 일부만 말한 것을 이해해주기 바란다.

마지막으로 학생들에게 뭔가 목표가 필요할 때 교사는 그들이 성취할 수 있는 것이 무엇인지 현실적으로 판단해야 한다는 점을 말하고 싶다. 그래서 보통 이상의 수준에 도달한 학생들의 작품들을 가지고 이 책을 만들고자 하는 유혹은 애초에 배제되었다.

학교에 들어가기 전에 책을 자신 있게 다루고,
책을 읽어 주는 것을 즐거워하며 들을 줄 아는 아이들이
학교에 가서도 성공적으로 읽기를 배운다는 사실을
우리는 이제 확실히 알고 있다.

- 마거릿 미크

1
새롭게 등장하는 작가와 책

책에 대한 열정을 키워 주기

"어렸을 때 나는, 책은 아주 귀중하니까 그에 합당하게 대접해야 한다고 배웠다"고 교사인 미셸 헤이덕은 말한다. "도서관에 가서 특별한 책을 골라 일주일 동안 집에 가져가도 좋다는 허락을 받으면 그 주일을 가장 즐겁게 보낼 수 있었다. 그래서 내가 일하는 유치원에서 아이들이 내가 책에 대해 가지고 있는 존경을 이해하지 못하는 것을 알고는 정말 괴로웠다. 책과 스토리텔링을 재미있어 하기는 하지만 책을 다루는 방식은 엉망이었다. 책은 찢어지기 일쑤이고, 바닥에 나뒹구는 것도 부지기수였다. 그러니 어떻게 이야기와 책에 대한 관심을 길러 주고, 책을 존중하는 태도를 가르칠 수 있을까?"

'범국민 읽고 쓰기 운용 능력 프로젝트'에 참여하고 있었기 때문에 미셸은 자신의 책에 대한 사랑을 통해 읽고 쓰기 운용 능력을 기르는 방법을 찾고 싶어했다. 책은 재미있게 해주고, 위안을 주며, 자극을 주고, 새롭게 느낀 감정을 이해하는 데 도움을 준다. 그리고 어른과 아이 사이에 아주 특별한 관계를 만들어 준다.

미셸은 항상 학생들이 원할 때 자유롭게 서가에 갈 수 있도록 했다. 하지만 대개는 그것이 마지막 선택일 경우가 많았다. 마음을 끄는 다른 장소들이 많았기 때문이다. 최근에는 아이들이 괴물에 관심을 갖게 되었기 때문에 미셸은 괴물에 대한 관심을 이용해 서가로 아이들 눈길을 끌어 보기로 했다. 그녀는 모리스 센닥의 『괴물들이 사는 나라 Where the Wild Things Are』나 데이비드 맥키의 『지금은 안 돼, 버나드 Not Now, Bernard』 같은 책들과 함께 실제 동물과 상상의 동물 그림을 진열했다.

미셸이 아이들에게 『괴물들이 사는 나라』를 큰 소리로 읽어 주자 평소에 '가만있지 못하고 나대는 아이들'까지도 다음에는 어떻게 될지 잔뜩 기대하면서 넋을 잃은 표정으로 귀를 기울였다. 이 이야기는 순식간에 아이들이 좋아하는 책이 되어 버렸다. 미셸은 '괴물' 손가락 인형을 만들었는데, 이것이 다양한 말 공부를 하는 데 도움이 되었다. 아이들은 자기들 나름대로 지어낸 에피소드를 덧붙여 새롭게 이야기를 꾸며 서로 자신 있게 들려주었다.

그러면서 스토리텔링에서 북아트로 자연스럽게 바뀐다.

"아이들에게 우리가 한번 괴물들이 나오는 책을 만들어 보자고 했더니 아이들은 소리를 지르며 좋아했다"고 미셸은 말한다. "기본형 오리가미 책은 아주 어린 아이들에게는 안성맞춤의 출발점이 되는 것 같았다. 아이들은 종이를 접어 자국을 내는 것을 도와주었고, 한두 명은 가위를 제대로 사용할 줄도 알았다."

아이들이 책의 판형에 맞게 자기 생각을 정리할 줄 알게 된 것은 정말 놀라웠다. 아이들은 차례대로 배열하는 방식을 이해했고, 첫 페이지에 주인공 맥스를 그려 넣었다. 책 제목을 정해 보라고 하자 대부분의 아이들이 센닥의 제목을 그대로 사용하자고 했지만, 네 살 된 스테파니는 자기 스스로 새로운 제목을 달았다.「괴물이 너를 먹어 버릴 거야!」라고. 아이들 모두가 자기 책을 완성했다. 그것은 대단한 성과였다. 학습 장애를 겪는 아이들에게는 더더욱 대단한 일이었다.

다음주에도 센닥의 작품에 나오는 등장인물들의 인기는 계속되었다. 그래서 미셸은 반 아이들이 모두 팝업 책을 만들기로 했다. 책 만들기 활동은 이야기를 실연하여 보여 주는 숲과 배의 팝업을 만드는 것에서 괴물의 소리를 내기 위해 음악 합성을 하는 것으로 발전했다.

학생들은 책에 대한 열정이 새롭게 생겨났고, 그래서 서점을 방문했을 때 그들은 스스로 다음주의 활동 방향을 정할 수 있었다. 미셸은 자넷과 앨런 앨버그가 지은 『우체부 아저씨와 비밀편지 The Jolly Postman』를 한 권 샀다. 그리고 학교로 돌아온 뒤 며칠 동안 책에 들어 있는 봉투를 열고, 봉투 안에 들어 있는 편지를 꺼냈다. 당연한 일이지만 아이들은 우체부 아저씨와 우체부 아줌마 책을 만들고 싶어했다. (『책을 통해 작가를 탐색하기 Books Searching for Authors』에서 상세하게 이런 책 형태를 설명했다.) 여기에는 두 차례의 수업 시간을 할애했는데, 한 번은 편지를 쓴 다음 봉투에 주소를 적었고, 또 한 번은 본문을 쓰고 그림을 그렸다.

북아트가 포함된 활동이 진행되는 동안 아이들의 그림은 세련되었고, 주고받는 말들은 훨씬 유창해졌다. 아이들은 앞표지에 작가의 이름을 넣는 것, 뒤표지에 바코드를 넣는 등의 '책을 구성하는 것'에 관해 질문했다. 아이들이 이런 것들을 적극적으로 다루었기 때문이다.

학생들은 또 서로 협력하여 작업할 때 훨씬 더 편안해졌다. 그것은 학교의 부활절 특별 전시회에서 중앙에 놓인「우리의 부활절 책 Our Easter Book」을 만들면서 분명하게 나타났다.

"나는 북아트가 경험을 기록하고 확인하는 방식으로 나타나기를 바랐다"고 미셸은 말한다. "우리는 바닷속 테마를 다루면서 일러스트와 성과물을 사진으로 찍었고, 하드커버로 제본했다." 학생들은 자기 작품을 책으로 만들도록 도와주었고, 그러고 나면 미셸이 인쇄했다. 부활절 기간 동안 날마다 책의 다른 페이지가 전시되었다. 자기 작품이 전시된다는 사실을 통해 아이들은 분명히 자긍심을 경험했다. 그리고 아이들은 미셸이 책장을 넘기는 것을 잊고 있으면 그것을 깨우쳐 주었다.

바다 프로젝트의 일부로 아코디언 책 만들기가 포함되었다. 아코디언 책 형태의 좋은 점은 기다란 벽화처럼 모든 페이지를 한번에 보여 줄 수 있다는 것이다. 학생들은 아코디언 책에 버블 프린팅, 마블링, 스트링 페인팅 등 온갖 종류의 기법을 사용했다.

읽고 쓰기 수업에서 마지막 책이 가장 의욕적이었다. 우선 반 아이들 모두가 주제를 놓고 브레인스토밍을 하고, 이야기책에서 자주 등장해 친숙한 돼지·원숭이 캐릭터와 장난치며, 밤이 되면 쫓기듯 잠자리에 들어야 하고, 다치면 우는 등 자신들이 실생활에서 경험한 것을 결합했다. 그런 다음 아이들은 커다란 종이 한 장에 이야기의 초안을 만들었다.

> 어느 날 꼬마 돼지가 시장에 가려고 길을 떠난다. 가는 길에 돼지는 순무를 몇 뿌리 뽑았다.
> 소년이 돼지를 보고 "안 돼!" 하고 말리면서 멀리 쫓아냈다.
> 원숭이가 오더니 꼬마 돼지에게서 순무를 빼앗으며 말했다. "내 순무를 뽑으면 안 돼. 넌 말썽꾸러기로구나. 잠이나 자러 가!" 말썽꾸러기 돼지는 할 수 없이 자러 갔다. 소년과 원숭이는 말썽꾸러기 돼지를 남겨 놓고 시장에 갔다. 아이들은 모두 시장에 모여 있었다.

각 단계에 대한 계획이 세워지자 아이들은 제각기 커다란 종이 위에 자기가 맡은 이야기의 한 부분을 그림으로 그렸다. 그런 다음에는 이미 만들어진 측면 제본 책에 고착시켰다. (측면 제본은 크기가 자유자재로 변하는 책에는 안성맞춤이다. 간단하게 페이지를 맞춘 다음 접은 종이를 뒤쪽에서 철사로 매는 전형적인 새들 스티치드 제본을 할 때처럼 접은 종이를 통과하지 않고 책등의 가장자리를 함께 바느질한다.) 특히 스테파니는 가장자리를 따라 커다란 페이지들을 한데 꿰맬 수 있다는 것에 자부심을 느꼈다.

원숭이가 오더니 꼬마 돼지에게서 순무를 빼앗으며 말했다. "내 순무를 뽑으면 안돼. 넌 말썽꾸러기로구나. 잠이나 자러 가!"

말썽꾸러기 돼지는 할 수 없이 자러갔다. 소년과 원숭이는 말썽꾸러기 돼지를 남겨놓고 시장에 갔다.

그림 1-1 「소년과 돼지, 원숭이」에 나오는 펼침면 두 장

미셸은 아이들이 만든 이야기를 컴퓨터로 프린트했고, 본문의 내용과 어울리는 일러스트와 마주보게 배열하여 풀로 붙였다. 그런 다음 아이들은 완성된 책을 다른 반으로 가지고 가서 큰 소리로 들려주었다. (그림 1-1은 펼침면 페이지 둘로 만들어진 책을 보여 준다.)

미셸은 이 메이킹북 프로젝트가 학생들에게 여러 가지 면에서 큰 도움이 되었다고 생각한다.

* 아이들은 대단한 자신감과 자부심을 얻었다.
* 아이들은 스스로가 진짜 스토리텔러라고 여겼다.
* 아이들은 자신들이 만든 작품에 대해 자부심을 가질 수 있었다.
* 이미 알려진 이야기를 스스로 각색하는 과정에서 독립심을 얻었다.
* 언어 구사 능력이 유창한 수준으로 향상되었다.
* 대인 관계가 좋아졌다.
* 복잡한 상황을 말로 설명하면 알아들었다.
* 아이들이 책과 관련된 용어에 친숙해졌다.
* 그림 그리기와 언어를 통합하는 과정을 통해 지적 능력이 개발되었다.
* 책의 구조를 만들고, 책 만들기를 계획하는 방법을 배웠다.
* 종이를 접고, 바늘에 실을 꿰며, 꿰매는 작업을 하고, 가위와 펜과 크레용과 그림붓을 사용하는 작업을 통해 뛰어난 운동 근육 기능이 발달했다.

미셸은 다음과 같이 결론짓는다. "북아트는 교사들이 한 팀이 되어 학생들을 위해 준비한 것들과 우리만의 습관을 점검하도록 했다. 북아트는 아이들에게서 최상의 활동을 이끌어 냈고, 교사 모두가 새로운 관점에서 아이들을 바라보게 해주었다. 이런 작업들을 진행하려면 새로운 기술을 이용하고, 여러 기법들을 습득하는 새로운 방식이 필요했다."

북아트를 이용하여 읽고 쓰기를 가르치기

바네사 커쇼도 유치원에서 아이들을 가르친다. 미셸이 그랬던 것처럼 그녀도 책이라는 형식이 아이들에게 읽고 쓰기를 가르치는 데 효과적인 방식임을 깨달았다. 그녀는 아이들로서는 책이라는 것이 신비한 존재라거나 서점에 있는 상품으로 생각하기가 아주 쉽다고 강조한다.

"아이들에게 북아트를 소개하면서 내가 아직도 배워야 할 것이 너무 많다는 것을 깨달았다"고 바네사는 말한다. "나는 아이들이 책과 자연스럽게 친해질 수 있도록 내가 만든 기본형 책들을 자유롭게 갖고 놀도록 한다. 2학기에 접어들면서 북아트에 대한 확신이 생겼고, 그래서 마음속에 여러 가지 목표를 세우게 되었다."

그 목표는 다음과 같다

* 아이들이 책 만드는 작업 방식과 복잡한 전문 용어에 확실하게 친숙해지도록 한다.
* 아이들이 독자적이고 상상력이 풍부한 북아티스트가 되게 도와주고, 책 만들기를 즐기게 한다.
* 집단으로 작업하는 능력을 향상시킨다.
* 읽고 쓰는 능력을 향상시키는 데 관심을 늦추지 않는다.

바네사는 여러 가지 크기와 여러 가지 재질의 종이로 만든 간단한 아코디언 책을 이용하는 것으로 이 일을 시작했다. 그녀는 아이들의 반응을 알아보려고 글쓰기 코너에 줄이 쳐진 보통의 종이와 줄이 쳐지지 않은 종이를 놓아두었다.

"책을 발견하자 아이들은 내게로 와서 이것저것 물어보았다"고 바네사는 말한다. "하루 종일 그 코너에 많은 아이들이 몰려 있었고 책과 관련된 많은 활동들이 진행되었다. 되돌아보면 이런 식의 반응은 내가 진행한 모든 북아트 작업에서 항상 나타났다. 아이들은 북아트를 대단히 즐거워했고, 그것을 통해 많은 자극을 받았다. 북아트는 종이 위에다 표시 남기는 것을 평상시에 즐기지 않는 아이들의 마음을 끌어당긴다."

처음에 바네사는 거의 개입하지 않았다. 아이들이 책을 탐색하고, 아이들이 하고 싶은 대로 책을 이용하게 내버려 두었다. 어떤 아이들은 아코디언 책을 길게 펼쳐서 길이대로 죽 글을 썼다. 어떤 아이들은 페이지를 넘겼다. 접혀서 책 형태가 된 종이, 혹은 '글'과 '그림'으로 나눈 종이를 다루는 아이들을 관찰하노라면 무척 재미있다.

다섯 살이 된 제임스는 이야기 코너에 앉아서 책들을 바라보기는 하지만 모래와 물을 가지고 노는 일에만 주로 관심을 보였다. 제임스가 좋아하는 이야기는 빨간 암평아리에 관한 것인데, 그래서 자기가 만들 이야기책 주제로도 이것을 골랐다. 처음에 제임스는 이런 종류의 시도를 전혀 하려 들지 않았다. 표지에는 빨간 암평아리 그림이 있고, 나머지 일곱 페이지는 제임스가 쓴 '글'로 채워졌다(그림 1-2 참조).

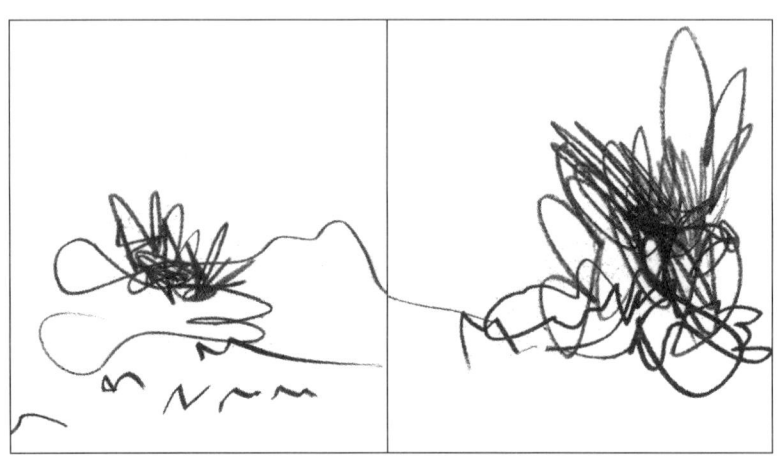

그림 1-2 제임스의 「빨간 암평아리」에 나오는 펼침면

그 다음주에 바네사는 리프트 더 플랩 책(에릭 힐의 작품인 『스팟이 어디에 숨었나요? Where's Spot』같은)을 몇 권 글쓰기 테이블에 가져다 놓았다. 그것이 아이들의 창조적인 행동에 자극이 되었으면 해서였다. 여기에 맨 먼저 뛰어든 아이들 중 하나가 클레어이다. 클레어는 「어린 머펫양 Litter Miss Muffett」을 만들고 싶어했다. 바네사는 클레어에게 간단하게 접는 책을 주었고 클레어는 표지에 머펫양을 그렸다. 그런 일이 있은 뒤에 바네사는 클레어에게 페이지마다 무슨 이야기를 하고 싶은지 물었고, 클레어가 불러 주는 대로 글을 받아 적었다. 클레어는 완전히 갖추어진 운문을 사용하려 하지 않았다. 그리고 뒷 페이지에는 거미가 튀어나오는 플랩이 있어야 한다고 단호하게 주장했다.

아이들 중 몇몇은 아코디언 책을 이용하는 것이 쉽지 않음을 알았다. 아이들은 종이를 펼쳐서 평평하게 만들었다. 그것을 솜씨 있게 만드는 것이 쉽지 않았던 것이다. 이런 문제를 극복하기 위해 바네사는 커다란 종이를 가지고 삼각형 모양의 책을 만들기 시작했다. (나는 『메이킹북 프로젝트』에서 이런 책의 형태를 자세히 설명했다.) 흠잡을 데 없이 만들어진 자기들만의 특별한 책을 눈앞에 본다는 것이 아이들에게는 무엇보다 중요하고, 친밀감을 느끼게 했다. 그리고 뾰족한 모서리가 있어서 확실히 사각형의 아코디언 형태보다 넘기기가 쉬웠다.

바네사의 유치원은 학기마다 정기적으로 교사들에게 반 아이들의 기록을 찍은 앨범을 주었다. 그러나 바네사는 이번에 앨범(하드커버의 아코디언 책)을 자기 손으로 만들고, 대리석 무늬의 종이로 표지를 장식하고자 했다. 그녀는 학생들에게 앨범에 넣을 자화상을 그리라고 했다. 그렇게 해서 어느 모로 보나 특별한 책을 만들 생각이었다(그림 1-3 참조). 어려운 제본과 조심스럽게 대지 붙이는 작업, 그리고 소개하는 활동을 통해 아이들이 '손으로 만든' 책에 대해 많은 관심을 가지게 되었고, 자기들 손으로 만든 작품이 출판된 다

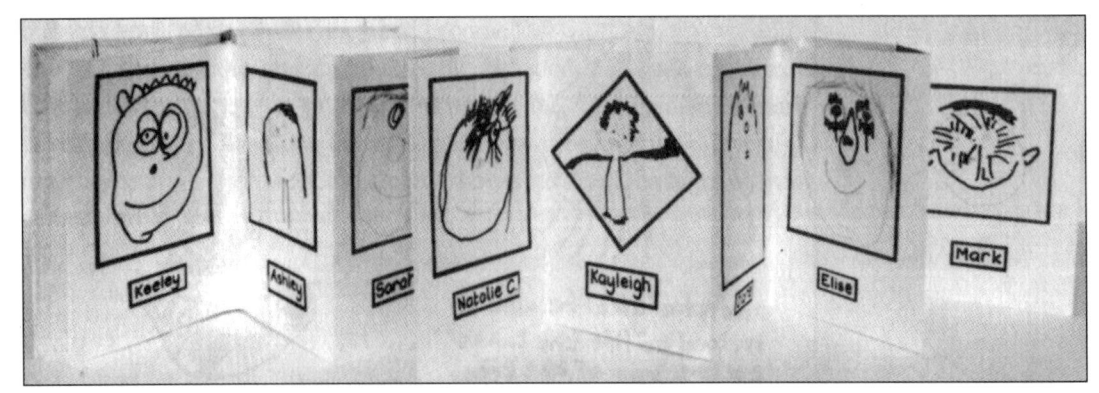

그림 1-3 바네사의 '사진 앨범'. 길이대로 완전히 펼쳐서 학교 강당에 전시했다.

른 어떤 책보다 좋아 보인다는 것을 알게 되었다.

학기가 끝날 무렵 바네사는 책의 개념을 체계적으로 알려 주는 것이 좋겠다고 생각했다. 스토리 타임을 갖는 동안 바네사는 책등이나 표지같이 책의 구성 요소에 대해 말해 주었다. 그리고 초상화 방향(세로로 긴)으로 된 책과 풍경화 방향(가로로 긴)으로 된 책의 차이를 말해 주었다. 책 만들기에 대한 정보를 많이 알게 되면서 바네사는 레이아웃, 가장자리 장식, 플랩과 팝업에 대해서도 이야기하기 시작했다. 그리고 책 만드는 여러 가지 기법의 좋은 예를 찾기 위해 도서관이나 서점을 뒤지고 다녔다.

이 정도의 경지에 오르자 책 만들기 과정을 거치면서 책 내부를 채울 이야기가 필요했다. 이제 바네사는 맨 먼저 아이디어를 원했고, 다음에는 그것과 어울리는 책 형태를 찾았다. 그날 수업의 주제는 야생 동물이었다. 바네사는 아이들에게 좋은 아이디어를 내보라고 했다. 누군가 정글에 숨어 있는 사자가 어떻겠느냐고 해서 반 아이들은 동물들이 몸을 숨기는 방식에 대해 이야기했다. 바네사는 그때 자넷과 앨런 앨버그가 지은 『피포 Peepo!』를 생각해 냈다. 독자가 책장에 나 있는 구멍을 통해 안을 들여다볼 수 있는 책이다. 바네사는 비슷한 기법을 이용하여 한 번 접은 간단한 카드를 몇 개 만들었다.

아이들은 접힌 부분 절반에다 동물을, 그리고 나머지 절반에 나름대로 여러 가지 모양을 디자인하여 오렸다. 오려낸 부분이 그림 위를 덮으면 동물을 숨겨 주는 역할을 한다. 모두가 작업을 끝마치자 바네사는 카드를 가지고 아이들과 동물 알아맞히기 게임을 했다.

그 다음에 바네사는 손가락 인형을 이용해 이야기를 꾸미도록 자극했다. 이야기하기를 통해 아이들은 스토리를 구상한 다음, 책으로 만들 것이다. 바네사는 10명씩 이루어진 소그룹으로 나누어 작업하기로 했다. 그 준비 단계로 그녀는 아이들에게 『악어를 본 적이 있니? Have You Seen the Crocodile』와 『난 아니야라고 원숭이가 말했다 Not Me, Said the Monkey』를 들려주었다. 둘 다 콜린 웨스트의 작품이다.

바네사는 다음 스토리 타임에 사자 손가락 인형을 가지고 왔다. 학생들은 그 자리에서 토비라는 사자 캐릭터를 만들었다. 그리고 토비에게 일어날 수 있는 여러 가지 상황에 대한 아이디어가 순식간에 쏟아져 나왔다. 바네사는 커다란 종이 위에다 이야기를 써 내려갔다. 아이들이 하는 말들을 사용하고, 필요할 때는 연결해 주는 말들을 덧붙였다. 그런 다음 아이들에게 이야기를 들려주었고, 아이들은 몇 군데를 바꾸고 고쳤다.

초안이 완성되자 아이들은 단번에 책의 첫 페이지를 어떻게 꾸밀지 계획을 세웠다. 바네사는 문장 하나(혹은 한 문장의 일부)를 읽고 이 문장을 어떻게 그림으로 표현하겠느냐고 물었다. 그런 다음 아이들은 자신들이 이야기의 어떤 부분을 그림으로 말하고 싶어하는지 결정했다. 두 아이가 바네사와 함께 표지 안쪽이 될 커다란 종이에 색칠했다. 그리고 바네사는 완성된 책을 한쪽 면을 따라 묶었다. (그림 1-4가 그렇게 해서 만들어진 책의 펼침면 두 장을 보여 준다.)

"이 책을 만들던 시기를 되돌아보면 아이들이 종류가 다른 책들을 만들면서 경험을 쌓아가는 것을 확인할 수 있다는 성취감이 대단했다"고 바네사는 말한다. "나 역시 아이들이 어떻게 '책을 읽고 쓸 줄 아는 사람'이 되어 가는지 평가할 수 있었다."

그림 1-4 「사자 토비」에 나오는 펼침면 두 장

이렇게 책을 만들어 보는 시도는 실제로 바네사의 욕망을 자극했다. "나는 일러스트를 표현하는 기술 개발의 가장 중요한 부분으로 삼고 싶다. 그리고 글쓰기에 관한 연구를 논픽션 쪽으로 넓혀 보고 싶다. 이 작업은 북아트의 방법을 이용하는 이점을 내게 분명히 보여 주었다."

 이것이 작가의 역량을 개발하는 저작의 경험이라면
처음부터 아이들에게 작가가 된다는 것이 무슨 의미인지
탐색할 기회를 주어야 한다.

– 나이절 홀

2

작가와 일러스트로 탄생하는 아이들

그림 2-1은 여섯 살 된 팀이 만든 광고용 실습 책에서 따온 펼침면이다. 이 책은 제출을 목적으로 만들어진 책의 전형적인 특성을 가지고 있다. 언뜻 보기에는 팀이 나이에 걸맞은 글쓰기를 하고 있는 것처럼 보인다. 하지만 그 정도의 발달 단계에 있는 많은 아이들이 그렇듯이 팀은 두 가지의 주요 글쓰기 구성 요소, 그러니까 문장으로 표현하기와 줄거리 만들기를 어려워하고 있다.

줄거리(살해당한 주인공이 다리가 부러져 병원에 있기도 하는)가 미심쩍기도 하려니와 가끔 대명사 he로 시작하기도 하고 두서없이 늘어지는 문장들은 팀의 생각이 명확하지 않다는 것을 보여 준다. 시작과 중간과 끝이 있기는 하지만 구성이 약하다(프레드의 동생이 등장하는데 아무런 역할도 하지 않는다). 꽃에 가까운 나무 일러스트는 줄거리를 분명하게 해주는 등의 필요한 역할을 전혀 하지 못하고, 배경에 대한 새로운 정보를 주지 못한다.

실습 책을 만드는 것과 동시에 특별한 메이킹북 프로젝트의 일환으로 팀은

그림 2-2에 나오는 여덟 페이지짜리 아코디언 책도 만들었다. 아코디언 책의 1페이지는 제목이 들어가도록 배정되고, 다른 페이지(실제로 뒤표지)에는 '광고문', 즉 줄거리·작가 정보·출판사 로고 등이 들어간다. 그러고 나면 여섯 페이지가 남는다. 앞에 연이어 있는 네 페이지(펼침면 페이지 두 장)와 뒤에 있는 두 페이지(펼침면 페이지 한 장)를 합해서 여섯 페이지이다(부록 참조).

여섯 살 된 아이들은 다른 사람의 도움을 받아가며 이런 간단한 책을 스스로 만들 수 있다. 그러나 이런 메이킹북 프로젝트는 1시간 15분짜리 네 강좌로 제한되어 있기 때문에 그룹의 각 구성원들에게 이미 만들어진 책이 주어진다.

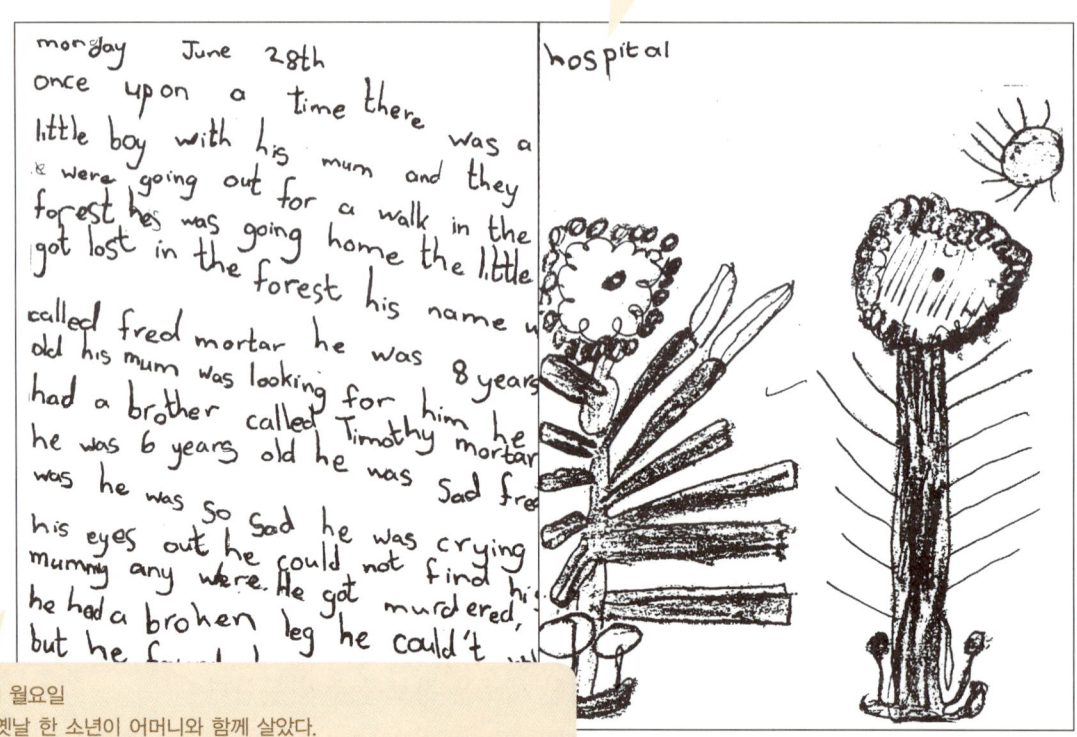

그림 2-1 팀의 실습 책에 실린 펼침면

> 병원

> 6월 28일 월요일
> 아주 먼 옛날 한 소년이 어머니와 함께 살았다.
> 그들은 숲속으로 산책하러 갔다.
> 어머니와 헤어져 소년은 숲속에서 길을 잃었다.
> 그의 이름은 프레드 모타이고 여덟 살이다.
> 엄마가 그를 찾아다녔다. 그는 티모시 모타라는 동생이 있는데 여섯 살이다.
> 그는 슬픈 프레드라고도 한다.
> 그는 슬픔을 많이 타서 자주 운다.
> 그의 눈은 엄마가 어디에 있는지 찾지를 못한다.
> 그는 죽었다. 그는 다리가 부러져 걸을 수 없지만
> 그의 엄마가 나중에 병원에 데려다준 것을 알았다.

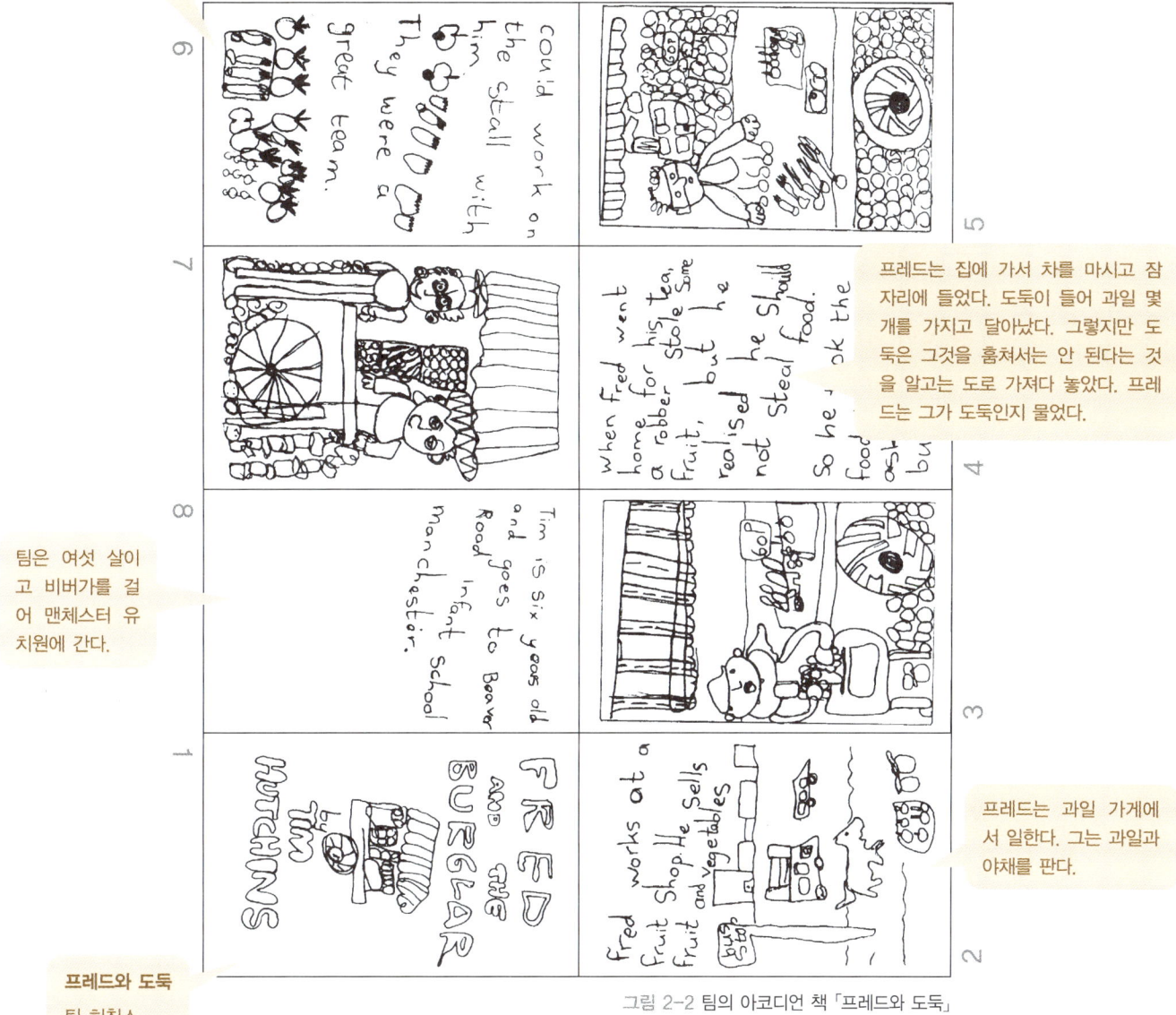

그림 2-2 팀의 아코디언 책 「프레드와 도둑」

프레드와 도둑
팀 허친스

책 만들기에 대해 자세히 알기

책 만들기의 미스터리 가운데 하나는 접힌 종이 한 장을 책이라고 표현하는 순간 그것은 바로 문화적인 가공품이 된다는 점이다. 그룹의 아이들은 책 만들기 수업 시간의 처음 얼마 동안 자신들에게 주어진 아코디언 책을 만져 보고, 아코디언 책을 어떻게 완성할지 자신들만의 방법을 찾는 데 보낸다. 처음에 그들의 교사인 주디스가 여행지를 안내하듯 아이들에게 설명한다. "이쪽 면에는 네 페이지가 있는데 우리가 만든 이야기가 들어갈 겁니다. 세어 볼까요? 하나, 둘, 셋, 넷. 그리고 다른 쪽 면에 있는 두 페이지에도 우리가 만든 이야기가 들어갈 것이고, 나머지 두 페이지에는 표지와 우리 자신에 관한 내용이 들어갑니다. 책에 글쓰기를 마치고 나면 우리 자신에 관해서 뭔가를 쓸 겁니다."

그런 다음 주디스는 계획을 설명했다. 왼쪽 페이지에는 글이, 오른쪽 페이지에는 일러스트가 들어간다. 사실상 이야기가 들어가는 여섯 페이지를 세 개가 연이어 있는 펼침면 – 어린 작가들이 벗어날 수 없는 완벽한 구분 – 으로 구조화하는 것이다. 아이들은 글과 그림이 교대로 나오는 세 장의 펼침면 말고는 더 이상 글을 쓸 수도, 일러스트를 그릴 수도 없다. 그림이나 글을 첨가할 공간이 전혀 없기 때문이다. 그리고 세 장의 펼침면보다 적게 글을 쓰거나 그림을 그리면 책에 '구멍'이 생길 것이다. 이렇게 정해진 레이아웃은 각 페이지들을 정말로 아주 특별한 무엇인가를 위해 확보해 둔 상징적인 표상으로 바꾼다. 그 때문에 아이들은 페이지 방식, 즉 다른 어떤 것으로도 대체할 수 없을 정도로 생각을 정리하여 세련되게 글을 만드는 확실하게 정돈된 방식으로 생각한다.

시작 부분 – 그것을 그림으로 그릴 수 있을까

그런 다음 주디스는 그룹의 아이들에게 일러스트까지 포함하여 연필로 책 전체를 꾸며 보라고 말했다. 연필로 그리는 과정에서 아이들은 당연히 색연필이나 펠트 펜으로 색칠하고 싶어했다. 이런 도구들은 모두 나름의 효과를 발휘한다. 하지만 그런 것들을 사용하면 시간이 아주 오래 걸린다. 일러스트를 그리는 데 너무 많은 시간을 빼앗기면 글을 쓰는 시간이 그만큼 줄어든다. 게다가 프로젝트를 진행하는 기간이 길어지면 이렇게 어린 아이들의 경우 창조력이 떨어질 수 있고, 점차 사그라지는 흥미를 돌이키기 어렵다.

(이 부분에서 몇 가지 실제적인 조언이 가능하다. 적당한 '페이지' 크기로 오려서 쓸 수 있는 여분의 종이를 나누어 주는 일은 아주 중요하다. 아이들도 어른들처럼 아주 쉽게 자신들의 작업에 불만을 가진다. 그리고 아이들은 이런 네모난 페이지에 그림을 다시 그리거나 글을 다시 써서 마음에 들지 않는 페이지 위에 붙일 수 있어야 한다.)

로즈메리 론디즈와 클로드 캘러의 『가게 The Market』는 접어 들어가는 형태로 된 가게와 카드 여러 장이 들어 있는데, 카드에는 상인 네 사람과 그들의 물건들이 그려져 있다. 주디스는 상인들이 그려진 카드 한 장을 가게 안에 배치했는데 모든 아이들이 확실하게 볼 수 있도록 입체적으로 놓았다. 그리고 이것을 이야기의 주제와 첫 번째 일러스트의 출발점으로 이용했.

가게 안에 서 있는 사람은 누구지? 뭘 팔고 있지? 주디스는 아이들에게 상인의 이름을 지어 보라고 했다. 구성이 아직 드러나기 전이지만 그렇게 해야 아이들이 초기 단계의 캐릭터를 설정할 수 있다. 그 다음으로 아이들에게 주어진 과제는 전 장면을 그리는 것이다.

아이들이 글이나 말로 이야기를 만들어 낼 수 있는 만큼은 그림으로도 '말' 할 수 있다. 하지만 이 정도의 발달 단계에 있는 아이들이 2차원의 공간을 식별하고 조작하는 것은 쉽지 않은 일이다. 아이들이 이야기할 때 시간과 공간을 적절히 조절하지 못하는 것과 마찬가지이다. 우리는 어린 학생들이 오늘, 내일, 그날 저녁, 저기, 이웃 마을 같은 개념을 적절히 사용할 수 있도록 기꺼이 도울 준비가 되어 있다. 그러나 아이들이 또 다른 파노라마가 펼쳐지는 중요한 공간인 그림이 있는 평면과 잘 화합해 나가는 데에도 도움이 필요하다는 것을 우리는 잘 모른다. 중앙에 물체가 놓여 있는 시각적 상태는 그

주변에 있는 다른 물체들의 영향을 받기 쉽다. (이런 의견에 대해서는 5장에서 자세하게 설명한다.) 보조 역할을 하는 물체 가운데 하나를 멀리 떨어뜨려 놓으면 구성이 무너지고 '의미'를 잃는다.

회화적인 장면은 헤아릴 수 없을 만큼 많은 물체를 담아 낼 수 있다. 구경꾼들은 이런 물체에 다양한 방식으로 반응한다. 왜냐하면 구경꾼의 상상력은 자기가 결정한 이야기의 맥락에서 물체들을 이해하려 하기 때문이다. 그렇다면 예술가들은 어디에서 자신의 영상을 찾아낼까? 스케치 북에 '아이디어를 모아 두는 것'이 한 가지 방법이다. 그러나 가게를 그리기 위해 서른 명이나 되는 여섯 살 된 아이들을 바깥으로 데리고 나간다는 것은 적어도 구조적인 면에서 문제가 있다. 잡지 일러스트 같이 부차적으로 이미지를 끌어 낼 수 있는 출처는 늘 생생함이 덜한 대용물이다. 그리고 순수한 사람들은 (그것을 아이들의 일러스트 그리기에 사용했다고 하더라도) 그런 식의 사용에 눈살을 찌푸린다. 절충안은 두 가지 방법을 혼합하여 사용하는 것, 실물을 그리

그림 2-3 '페이지 한 귀퉁이에 웅크리듯 그려 넣기'의 예

그림 2-4 학생이 공간을 설계하도록 돕는다.

는 것과 좀더 쉽게 접근할 수 있는 인용물들을 결합하는 것이다. 아이들의 글쓰기가 직접 생각해 낸 아이디어와 알고 있었던 이야기에서 이것저것 주워 모은 아이디어를 결합하는 것처럼 말이다.

삼차원 책을 시각적인 참조물로 이용하는 것은 정보의 일차적인 출처와 이차적인 출처의 중간 어디쯤에 놓인다. 일러스트는 이차적이다. 그러나 그것이 360도를 모두 볼 수 있는 종이조각 작품으로 존재하기 때문에 삼차원의 물체와 같은 방식으로 그려질 수 있다.

아이들에게 그림을 그리라고 주문하면 아이들은 언제나 변함없이 전체 그림이 들어가는 위협적인 느낌을 주는 평면을 외면하는 대신, "페이지 한 귀퉁이에 웅크리듯 그려 넣는다"(그림 2-3 참조). 이 귀퉁이는 안전지대이다. 귀퉁이가 페이지의 공간적인 구역임을 거부하기 때문이다. 귀퉁이는 작업이 이루어지는 공간이 아니라 숨을 만한 공간이기 때문이다.

이렇게 공간적으로 책임을 회피하는 태도를 바꾸어 놓을 방법이 있다. 아이들 저마다의 책에서 첫 일러스트가 들어가는 공간에 있는 가게의 구조를 주요하고 중심부에 있는 위치로 손쉽게 윤곽을 그대로 그려 옮겼다(그림 2-4 참조). 그러므로 공간적인 부분에서 새로운 것을 창출해 낸 아이들은 이야기를 설명하고, 새로운 것에 따라 작업할 수 있다. 모양의 관념적인 배열을 개략적으로 표현했다는 것(그림 2-5 참조)은 자신의 아이디어를 배치하는 데 똑같은 틀을 아이들에게 줄 것이다. 그러나 실제로 어린아이들에게는 분명하게 인식할 수 있는 이미지가 필요하다.

기초적인 계획 이상의 것을 제공하면 안에 그림이 이미 다 그려져 있는, 색칠하기용 책 비슷한 것이 될 위험이 크다. 그러므로 아이들에게는 '거기까지 가서' 스스로 책을 만들 수 있는 자신감이 생길 만큼만 구조를 만들어 주어야 한다.

아이들과 관련해서 아이들이 무엇을 쓸 것인지에 관한 것뿐만 아니라 어떻

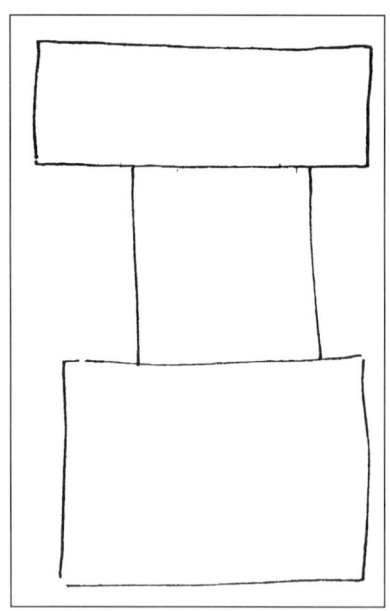

그림 2-5 추상적인 모양을 알아볼 수 있는 이미지는 없지만 뼈대를 만들어 준다.

게 쓸 것인지에 관해서도 논의하고 있는 만큼 그림을 어떻게 그리고 구성할 것인가에 대한 생각도 아이들에게서 끌어내 주어야 한다.

그림에 관한 아이디어를 '이야기하는 과정'은 미술 수업에서 아주 중요한 요소이다. 그러나 정해진 환경 안에서 시각화하는 활동을 원활하게 해줄 기회도 있어야 한다. 글쓰기 지도 교사들은 그 안에서 이야기를 만들어 낼 수도 있고, 재검토할 수도 있는 구성된 틀을 아이들에게 제공하는 전략이 있다. 앞서 이야기한 그림 구성에 관한 교사의 도움도 이런 식으로 시각적 입장에서 이루어진다.

그리고 그림 2-2에 나오는 팀이 그린 매점이나 다른 그룹의 일원인 매튜가 그린 매점(그림 2-6 참조)의 골격 데생이 모두 충실하지 않다는 것은 흥미롭다. 바퀴의 크기, 차양의 모양, 매점 사이의 거리가 각기 다르다. 실제로 매튜의 일러스트에 나오는 매점은 앞에 그린 것보다 점차 발전된 모습을 보인

그림 2-6 매튜의 매점 일러스트

다. 기초적인 계획이라는 것은 엮어내는 구성을 둘러싸는 음악의 테마 같은 것이다.

팀이 그린 프레드(팀의 실습 책 이야기에서 다시 등장하는 캐릭터)는 그의 독자성을 구축하는 환경에서 이야기 줄거리 구조와 결합한다. 팀이 자기 이야기를 "프레드는 과일 가게에서 일한다. 그는 과일과 야채를 판다"고 시작하는 것은 단순하고, 논리에 맞는 단계이다.

중간 부분 – 모든 일은 어디에서 일어나는가

세 부분으로 나누어진 이런 책들에서는 대체로 중간 지점에서 행동이 나타나는 경향이 있다. 첫 부분에서 주인공이 만족스럽게 소개되고, 세 번째 부분에서 상황이 해결된다면 가운데 부분은 해결되어야 할 긴장감이 어느 정도 있어야 한다.

대개 이 지점에서 아이들은 줄거리와 부차적 줄거리의 방향을 잃고 혼란에 빠진다. 팀이 실습 책에다 쓴 이야기에서 그랬던 것처럼 말이다. 그러나 모든 행동을 그림엽서보다 더 작은 공간에 맞추어야 하기 때문에 책 모양은 그런대로 갖추어진다. 모든 사건을 확실하게 진술하도록 해야 한다.

팀의 처음 이야기로 한 중간 부분 초안은 "프레드는 집에 가서 차를 마시고 잠자리에 들었다"였다. 그다지 흥미진진한 이야기는 아니다. 그리고 아직 이야기가 더 진행되어야 하는 상태이다. 어떻게 하면 더 재미있는 이야기를 만들 수 있을까? 새로운 등장인물을 내세워야 할까? 아, 도둑을 등장시킬 수 있겠다. 이 이야기는 이렇게 되었다. "도둑이 과일을 훔쳐가지고 달아났다." 이제 제대로 진행되지 않은 두 이야기가 오도 가도 못하게 되었다. 프레드는 집에서 잠을 자고 있고, 도둑은 사라져 버렸다. 팀은 두 등장인물을 한데 합치고, 도둑질이라는 도덕적 딜레마를 해결해야 할 방법을 찾아내야 한다. 만족스러운 해결책을 찾지 못하고 얼마 동안 배회한 끝에 양심의 가책을 느낀 도둑이 매점에 물건을 다시 가져다 놓는다는 아이디어가 떠올랐다.

이제 이야기가 만들어졌다. 팀은 두 번째 일러스트에 관심을 기울일 수 있다. 두 번째 일러스트의 기본 구조는 첫 번째 것(과일 가게)과 같다. 그러나 도둑이 새롭게 등장한다. 프레드처럼 매점의 앞쪽이 아니라 뒤쪽에 있다. 사소한 차이로 보일지 모르지만 이것은 아주 중요하다.

첫 번째 일러스트에서 프레드는 중앙 왼쪽의 중요한 위치를 차지하고 있다. 확실히 그는 우두머리의 자리에 있었다. 반면에 도둑은 추측하건대 매점 뒤에서 물건을 훔치고 있었기 때문에 눈에 띄지 않았을 것이다. 그리고 논리적으로 따져 보자면 같은 방식으로 훔친 물건을 돌려주러 왔을 것이다. 그는 그림의 전경과 배경의 중간의 한참 뒤쪽에서 후회하는 빛이 역력한 얼굴로, 여전히 그림자처럼 희미하게 나타난다. 페이지의 공간적 역동성은 두 캐릭터 사이의 이런 상징적인 신분과 관계를 뚜렷하게 보여준다. (유의해서 볼 것은 첫 번째 일러스트에 비해 두 번째에서 야채를 훨씬 더 잘 그렸다는 점이다.) 그런 다음 팀은 그 뒷면에 이야기를 펜으로 썼다.

마지막 부분 – 모든 결말은 새로운 시작

이야기의 만족스러운 결말을 찾아내는 것이 팀에게는 전체 과제 중에서 가장 힘든 부분이었다. 처음에 팀은 프레드가 경찰을 부르는 것은 어떨까 생각했다. 하지만 이것은 프레드에게나 뉘우치고 있는 도둑에게나 좋은 결말을 가져다주는 방법은 아니라는 생각이 들었다. 그래서 그는 둘이 함께 디즈니랜드로 놀러 가는 것은 어떨까 생각했다. 하지만 곰곰이 생각한 끝에 프레드가 그런 제안을 할 만큼, 특히나 자신의 매점에서 물건을 훔쳐 간 사람에게 그런 제안을 할 만큼 외향적인 성격은 아닐 것 같다는 점을 인정했다. 좀더 다정하고 평온한 결말이 필요했다. 그러던 차에 그룹의 다른 아이들이 결정적인 의견을 내놓았다.

"프레드는 도둑에게 매점에서 자기와 같이 일하지 않겠느냐고 물었다. 그들은 호흡이 잘 맞는 동료가 되었다."

마지막 일러스트는 앞서 그린 두 장의 일러스트와 같은 구도로 맞추었다. 팀은 이제 과일과 야채를 다시 그리는 것이 슬슬 지루해지기 시작했.

(이것은 무대 배경이 한정되어 있는 이야기를 그림으로 그릴 때 볼 수 있는 단점 중 하나이다. 나중에 팀은 전문적인 북 일러스트레이터에게서 한 장소에 있는 이야기의 배경을 시각적으로 풍성하면서 반복되는 것 없이 그리는 방법을 배울 것이다.)

두 번째 그림은 첫 번째 것보다 많은 발전을 보였지만, 마지막 그림은 싫증난다는 표시가 역력하다.

눈여겨볼 만한 것은 두 등장인물의 위치와 크기이다. 이번에는 둘 다 매점 앞에 있고, 마주보고 서 있다. 동등한 파트너임을 상징적으로 드러낸 것이다. 「가게」의 등장인물처럼 프레드는 모자를 쓰고, 목도리를 두르고, 긴 앞치마를 입고 있다. 하지만 과거 도둑이었던 인물은 윤곽이 뚜렷하지 않게 그려져 있다. 그리고 그의 눈 주위에 있던 검고 둥근 테는 없어졌다. 팀은 그림을 다 그린 뒤에 본문을 썼다. 본문은 중간 본문 페이지의 밑에서 마지막 에피소드가 시작되고 있다.

끝마무리 하기

글쓰는 마지막 단계는 '뒤표지'에 자신에 대해 쓰는 것이다. "나에 대해 한 줄 쓰기." 팀은 이런 경우에도 글 옆에 남은 공간에 그림을 그릴 수 있는지 물었다. 이해할 수 있는 일이다. 본문으로 이루어진 처음과 마지막 페이지에 글이 가운데 부분만 채우고 있어서 페이지 전체를 놓고 볼 때 절반이나 텅 비어 보인다. 팀은 글이 들어간 첫 페이지 아래에다 실감나는 거리를 그려 넣었다. 글이 들어간 마지막 페이지에는 과일과 야채를 그렸다.

그런 다음 팀은 책을 완성하기 위해 표지를 만들기 시작했다. (이것은 전문적인 북 디자이너의 마지막 과제 중 하나이다. 그러므로 아이들이 책을 만들 때도 마지막 과제가 되는 것이 적절하다.) 표지(그림 2-7 참조)를 디자인하면서 팀이 맨 처음 시도한 내용을 보면 그림을 통한 의사소통이 디자인 교육에서 얼마나

프레드와 도둑
팀 허친스

그림 2-7 팀이 처음 생각한 표지 디자인

중요한지를 확실하게 알 수 있다. 그래서 주디스는 아이들에게 표지에 글자를 쓰는 것보다 글자를 '그리는' 방법을 보여 주었다. 그리고 일러스트에 필요한 공간을 남기는 방법을 알려 주었다. 책 표지에 들어가는 글자와 그림을 배치하는 방법은 수없이 많다. 하지만 그것이 간결해 보이도록 하기 위해 주디스는 다음과 같이 맨 위에 제목, 중간에 그림, 밑에 작가의 이름이라는 공식을 사용했다.

다른 사례

팀이 만든 책을 가지고 말할 수 있는 것은 많이 있다. 언어를 통해 뜻을 명확히 하고, 의사소통하는 방법에 대해 팀이 무엇을 배웠는지에 대해서도 할 말이 많다. 하지만 이 그룹에 속한 다른 학생, 매튜의 작품으로 눈을 돌려 보기로 하자.

그림 2-8은 매튜가 북아트 수업이 진행된 같은 기간에 만든 글쓰기 습작이다. 이 수업은 또래(6년 4개월)의 학생이 이해하기 쉽게, 순차적으로 이루어졌다. 그러나 한편으로 지루하기도 하다. 매튜가 이것을 반드시 해야 한다는 의무감을 느꼈다고는 생각하기 어렵다. 그림은 글쓰기에 대한 부담감에서 놓여난 마음 편한 안도감을 보여 준다. 그리고 그림을 보면 색깔과 모양에 매튜의 마음이 끌리고 있다는 것을 알 수 있다. 그러나 이것이 언어적인 진술과 시각적인 짝을 이루고 있다고는 볼 수 없다.

매튜는 첫 번째 아코디언 책인 「존의 모험」(그림 2-9 참조)을 만들었다. 팀과 다른 아이들이 한 것과 같은 과정을 거쳤다. 매튜는 환상적인 공간의 대담한 구조에 적절하게 같은 안내선을 이용했다. 그러나 매튜는 상상을 통해 페이지 위에 즉흥적인 방식으로 더 잘 만들어 내는 것 같았다. 매튜는 아주 쉽게 자기 이야기를 만들어 냈다. 이런 책 형태를 찾아내기를 기다리고 있었던 것처럼 보였다.

매튜의 두 번째 책인 「엘마와 장난감 병정」(그림 2-10 참조)은 펼치면 선반에 진열된 장난감들이 나오는 마이클 웰플리의 입체 이야기책인 『마술 장난감 가게 Magic Toyshop』에서 아이디어를 얻었다. (2장의 시작 부분에 나오는 사진은 학생들이 자신들의 책을 만드는 작업을 하면서 이 책을 참조하는 장면이다.) 북아트를 하는 이틀 동안 매튜의 작업은 아무런 문제 없이 착착 진행되었다. 「존의 모험」의 첫 페이지는 앞으로 벌어질 재미있는 일을 전혀 암시하지 않아 지루하다. 반면에 「엘마와 장난감 병정」의 첫 페이지는 당장 독자를 끌어당긴다. 첫 번째 책에서는 중간의 전개 부분이 하나의 에피소드로 이루어져 있는 데 비해 두 번째 책에서는 세 가지 에피소드를 가지고 있다. 두 번째 책의 결말은 첫 번째 책에 비해 더 세련되고 재미있고 복잡하다.

그림 2-8 매튜의 글쓰기 연습

6월 25일 금요일
어느날 나는 바닷가로 갔다.
그때 거기서 등대와 돌로 쌓은 웅덩이, 그리고 많은 배들을 보았다. 마침 다른 것을 할 참이어서 돌로 쌓은 웅덩이로 낚시하러 가서 불가사리를 보았다. 나는 모래에서 노는 것을 굉장히 좋아한다.

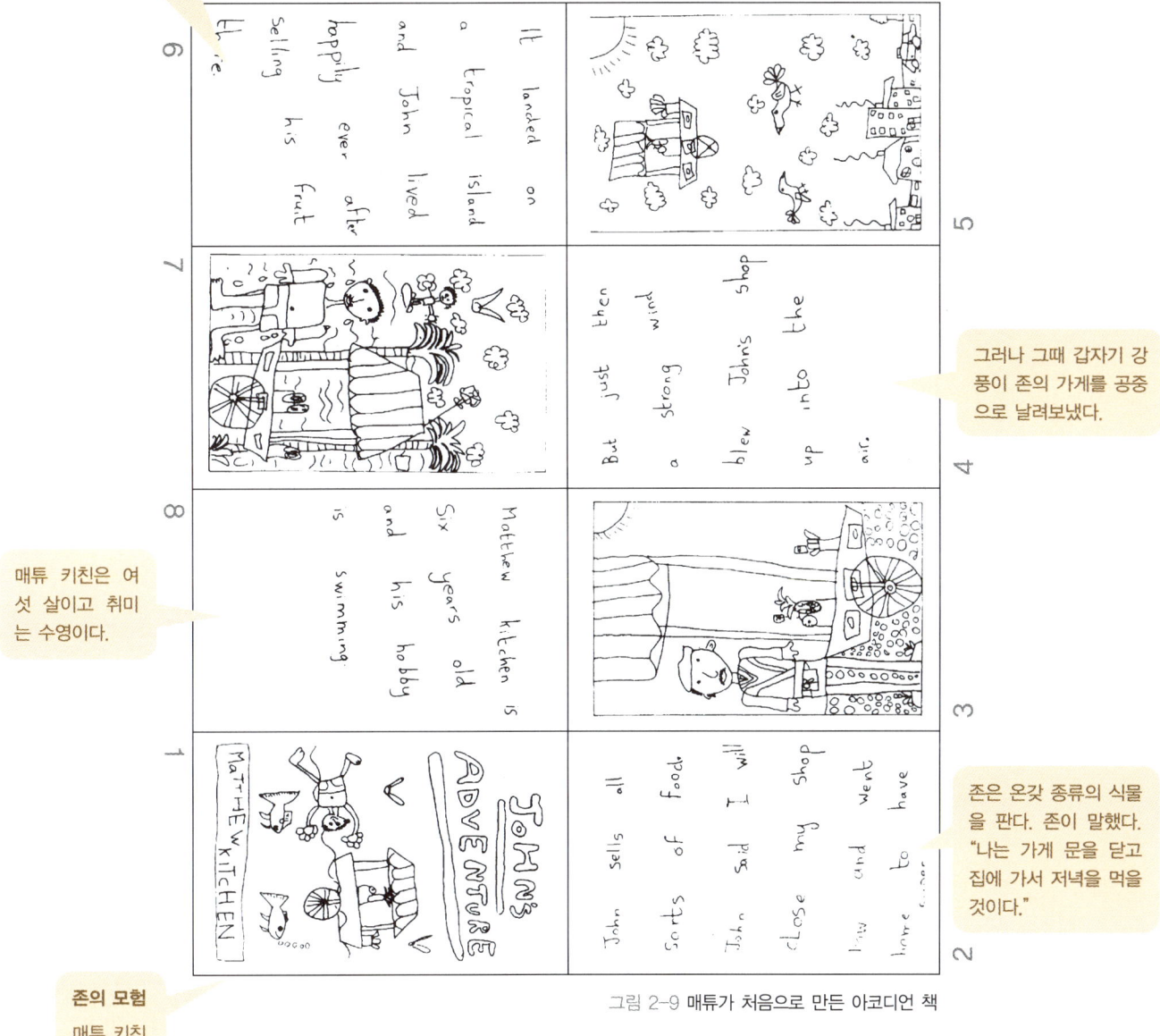

그림 2-9 매튜가 처음으로 만든 아코디언 책

두 책 모두 본문과 일러스트의 상호 관계가 조화롭게 이루어지고 있다.

「존의 모험」에 나오는 첫 번째 일러스트에는 도식적으로 그려진 해 말고는 다른 배경이 없다. 반면에 마지막 일러스트는 열대의 열기 때문에 땀을 흘리

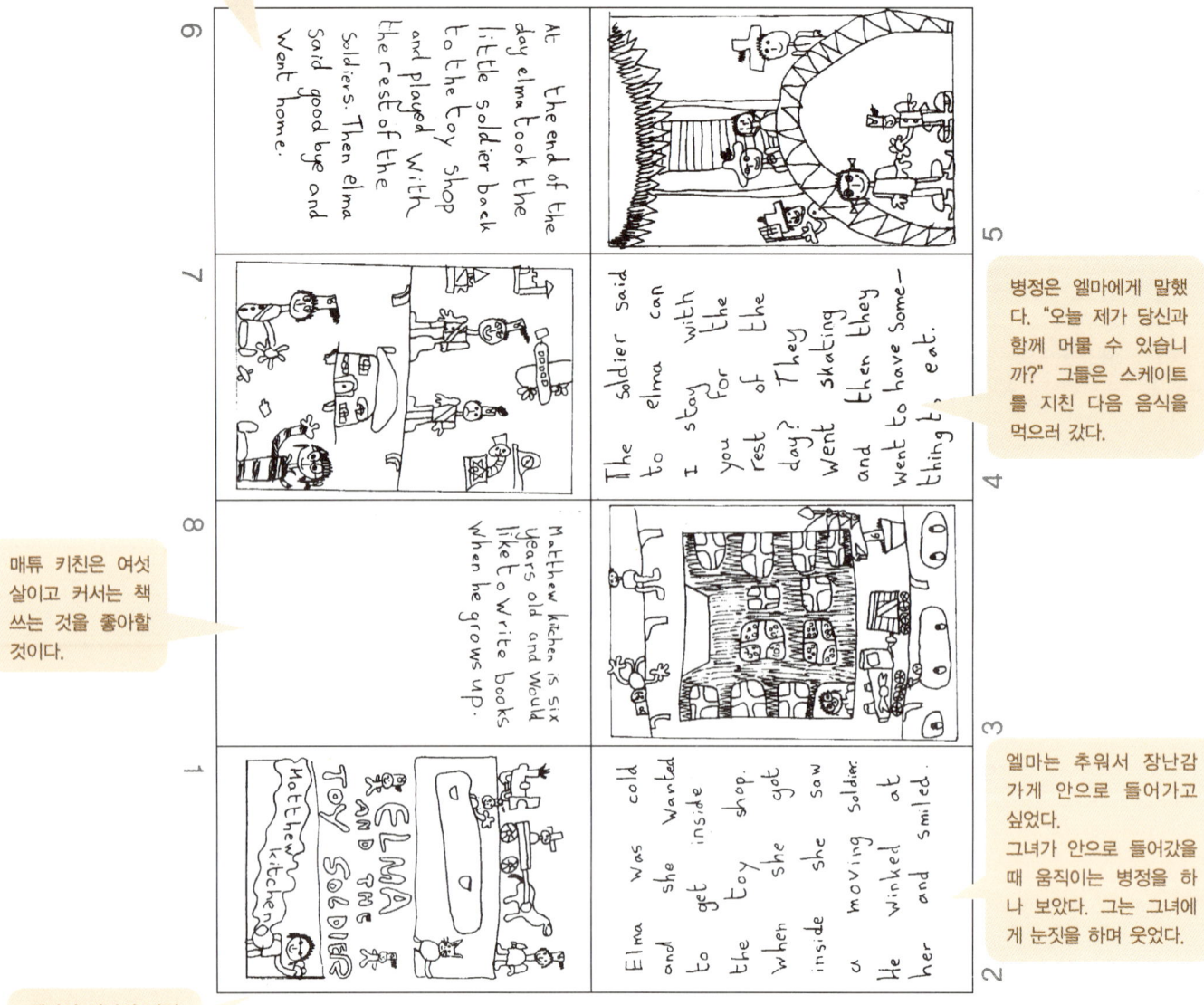

그림 2-10 매튜가 두 번째로 만든 아코디언 책

엘마와 장난감 병정
매튜 키친

해질 무렵에 엘마는 꼬마 병정을 데리고 장난감 가게로 돌아와 다른 병정들과 함께 놀았다. 그러고 나서 엘마는 잘 있으라는 인사를 하고 집으로 갔다.

병정은 엘마에게 말했다. "오늘 제가 당신과 함께 머물 수 있습니까?" 그들은 스케이트를 지친 다음 음식을 먹으러 갔다.

매튜 키친은 여섯 살이고 커서는 책 쓰는 것을 좋아할 것이다.

엘마는 추워서 장난감 가게 안으로 들어가고 싶었다.
그녀가 안으로 들어갔을 때 움직이는 병정을 하나 보았다. 그는 그녀에게 눈짓을 하며 웃었다.

는 존을 그리고 있고, 위쪽 삼분의 일을 차지하는 서핑하는 사람과 행글라이더는 흥미를 자아낸다.

「엘마와 장난감 병정」에 나오는 두 번째 일러스트에는 중경을 차지하는 관중들이 있고, 스케이트를 타는 엘마와 장난감 병정이 등장한다. 위쪽에 있는 관중석의 곡선 장식은 아래에 있는 아이스링크의 곡선을 되풀이해 보여 준다. 글과 시각적 이미지의 예술적 효과는 완전한 미적 경험을 만들어 낸다. 글은 일종의 말하기를 하는 것이고, 그림은 물론 본문과 연관되어 있지만 또한 독자적으로 이야기한다.

백문이 불여일견

글로 쓰인 이야기가 일어난 일을 기록한 것이라면 일러스트는 항상 끝없이 주어지는 선물 정도로 여긴다. 벽을 타고 기어오르는 사람이 그려진 그림을 보고 있다면 그것은 현재 벌어지고 있는 일이다. 텔레비전이나 영화의 영상이 항상 지금 벌어지고 있는 일인 것처럼 말이다. 바로 그런 이유 때문에 새로 작가가 되려는 아이들이 줄거리의 상황을 시각적 이미지로 표현하도록 돕는 것이다. 그림은 그대로 보존된다. 상상으로 그린 이미지처럼 순간적으로 사라지지 않는다. 상상으로 그린 이미지는 입으로 소리 내서 말했다고 해도 덧없이 사라져 버린다.

아코디언 책처럼 아주 기본적인 형태라고 해도 책이라는 것은 아이디어를 짜서 만들 수 있게 한다. 글과 그림이 책 안에서 자란다고 해도 책은 여전히 완벽하게 남는다. 과정을 끝마칠 때 아이들은 모든 힘을 부여받은 물건인 책을 가지게 된다. 이것은 무엇인가를 변화시키는 새로운 경험이다.

모든 책은 다음 책을 만드는 자극제가 된다

메이킹북 프로젝트를 진행하는 속도를 조절할 때는 세심한 조율이 필요하다. 전체적인 구체화 과정 중 한 가지 국면에서 너무 많은 시간을 지체하면 책 만들기 과업 자체가 쉽게 무너져 버린다. 결국 책은 완성되지 못한 상태로 남을 것이다. 아이들이 성공했다는 성취감을 느끼게 되면 다음에는 더 높은 목표를 세울 것이 분명하다. 아이들이 글쓰기와 그림을 통한 의사소통에서 얻는 것은 그것과 관련된 기량만큼이나 새로운 자각과도 관련 있다. 책으로 만들어진 것은 아이들이 수시로 보게 하고, 그러므로 다시 생각하게 한다. 실습 책은 절대로 그런 일을 해내지 못한다.

항상 글자 이면에 있는 것을 보고, 그 밑에 무엇이 숨겨져 있는지 알아야 한다. 세련된 글쓰기와 그리기는 아이의 인식 변방에서 받아들여지기를 기다린다.

책 만들기를 경험한 뒤 아이들은 다시 실습 책에 글쓰기를 했다. 책 만들기를 하면서 보여 주었던 향상된 솜씨가 실습 책에서는 더 이상 나타나지 않았다. 글쓰기와 시각적 의사소통에 전념하지도 않았다. 강화와 격려가 부단하게 이루어져야 한다. 아이들은 놀라울 정도로 쉽게 슬그머니 안 좋은 방식으로 후퇴해 버린다. 교사들은 예술 작품을 다루듯 책의 한 페이지, 한 페이지에 최고의 것을 담아 내기 위해 노력해야 한다.

글쓰기 과정의 단계 하나하나를 거치는 동안
적절하게 통합되었던 아이들의 창조적인 제작 과정과
완성된 작품은 이전의 불균형한 풍요로움의 특성을 공유한다.
- 베스 올샌스키

3
이야기를 만드는 것에서 출발하라

이번 장은 메이킹북 프로젝트 1의 내용을 개략적으로 이야기한다. 메이킹북 프로젝트 1은 글쓰기와 개념화 능력의 개인차가 아주 큰 '재능이 우수한' 아이들과 '재능이 처지는' 아이들이 한데 섞여 있는 그룹과 진행했다. 나는 컴퓨터로 디자인된 스토리보드 도면을 사용했는데, 그 안에 펜으로 쓰인 이야기는 그 구조 대부분이 선으로 그려진 그림에서 나온 것이었다. 나는 글쓰기와 그래픽을 통한 의사소통에 대한 고도로 체계화된 접근 방식이 연속적으로 이어지는 이야기를 강화하지 않을까 기대했다. (게다가 이런 방식으로 책을 레이아웃하는 것이 전문적인 작가와 일러스트레이터가 사용하는 기법하고 아주 동떨어진 방식은 아니다.)

이야기를 그림으로 그리기
그림 3-1에 나오는 여섯 개의 스토리보드 상자는 기본형 오리가미 책(부록

제목 : _____   지은이 : _____

2

집을 배경으로 등장인물을 그린다.

3

가방을 들고 가게들이 늘어선 거리를 걷고 있는 등장인물을 그린다. 인도에 구멍 난 곳이 있다.

4

등장인물이 구멍에 빠진다. 그 구멍 밑바닥에는……?

5

새로운 등장인물이 첫 번째 등장인물을 특별한 것이 만들어지고 있는 다른 지하 공간으로 데리고 간다.

6

그들은 만들어지고 있는 특별한 물건을 바라본다. 그리고 그때 아주 놀라운 일이 벌어진다. 그들은 재빨리 그곳을 떠나야 한다.

7

두 번째 등장인물은 첫 번째 등장인물에게 집으로 돌아갈 수 있는 지하의 비밀 통로를 알려 준다.

그림 3-1 계획을 세운 스토리보드

참조)의 한쪽 페이지 여섯 장에 해당한다. (이 페이지들은 일반적인 출판 관행 – 왼쪽 면 페이지는 짝수, 오른쪽 면 페이지는 홀수 – 에 따라 페이지 숫자가 매겨진다. 그러므로 이야기는 2페이지에서 시작한다.) 각 상자에 지정된 이야기 구조는 주기적으로 움직이는 낯익은 패턴을 따르고 있다. 주인공이 집을 나와 모험을 찾아 떠나는데, 모험에는 우연한 만남과 시련이 따른다. 그렇지만 결국에는 안전하게 집으로 돌아온다.

주인공은 설정되어 있지만 확실하게 묘사되지는 않았다. 남자일 수도 여자일 수도 있는 주인공이 집을 나선다(2페이지). 하지만 그때는 쇼핑하러 나온 것이다(3페이지). 주인공이 인도에 나 있는 구멍에 빠지는데(4페이지), 그 부분에서 학생은 구멍 밑바닥에 무엇이 있는지 결정해야 한다. 뚜렷이 설명되어 있지 않은 '특별한 것'이 이루어지는 장소로 첫 번째 등장인물을 데리고 간 새로운 등장인물이 소개된다(5페이지). 이 새로운 장소에서 놀라운 일(역시 뚜렷이 설명되어 있지 않다)이 벌어진다(6페이지). 마침내 이야기를 해결하고 결론짓는 방법이 나온다(7페이지).

나는 이 인쇄물을 그룹의 학생들에게 나누어 주었다. 그런 다음 우리는 그것을 가지고 함께 토론했다. 학생들은 첫 번째 등장인물에 대해 의견 – 나이, 성별, 직업 – 을 나누었다. 그런 다음 상자 하나하나에 들어갈 그림 이야기를 스케치하기 전에 자기 짝꿍에게 이 등장인물을 간단히 설명했다.

처음 두 상황(2페이지와 3페이지)은 이 도표가 지시하는 대로 별 문제 없이 설정된다. 그런데 4페이지에서 학생은 줄거리 전개("구멍 밑바닥에 무엇이 있지……?")를 어떻게 할지 궁리해야 한다. 5페이지에 나오는 두 번째 등장인물을 소개할 때는 등장인물의 (a)신분과 (b)장소를 만들어 내야 한다. 이 등장인물은 첫 번째 등장인물보다 확실히 드러나지 않게 옆에서 거드는 역할을 한다.

이 지점에서 어떤 물체(아마도 기계 같은)의 개입이 있어서 독자의 관심을 끌어야 한다. 이렇게 살아 있는 것과 무생물이 균형 있게 등장하는 방식은 전형적으로 이야기 쓰기의 고전적인 역학이다. 예기치 않은 어떤 일이 벌어질 때(6페이지) 필연적으로 이야기는 새로운 방향으로 진전된다. 그리고 주인공이 안전하고 건강하게 집으로 돌아오기 위해서는 탈출구(또 다른 원형적인 장치)를 찾아야 한다(7페이지).

영화에서처럼 그림 이야기에서 사건 전개와 장면 전환이 활발하게 이루어진다. 주된 사건 전개만 설명되어 있다. 주인공이 4페이지에서 5페이지로 별다른 노력 없이 옮겨간다는 사실은 구멍으로 떨어지는 것이 육체적으로 아무런 손상도 입지 않는다는 것을 암시한다. 기계 에피소드(5페이지)와 '놀라운' 줄거리 전개(6페이지) 사이의 장면 전환은 상자들 사이의 보이지 않는 시간의 방에서 이루어진다. 이런 것들에 의문을 가질 필요는 없다. 이 같은 사실과 관련된 상세한 것들은 재빠른 행동에 흡수되어 버린다.

학생들은 이미 자신들이 나중에 만들게 될 오리가미 책들을 보았다. 그리고 여섯 부분으로 나누어진 줄거리가 책의 형태를 충실하게 반영한다는 것을 알았다. 이 단계에서 움직이는 모습 그리기, 배경이나 공간에 관한 기법을 가르쳐 주는 강연회는 없었다. 나는 간단하게 학생들에게 이야기를 그려라라고 말했다.

제임스(여섯 살)는 힘차고 자신감 넘치는 시각적인 이야기를 만들어 냈다(그림 3-2). 제임스는 보조적인 등장인물의 옆모습을 그린다. 그래서 (주인공이 계속해서 정면을 보고 있다고 해도) 움직임이 느껴진다. 그리고 등장인물들의 독특한 개성이 일관되게 나타나고 있다. (상자 여섯 개가 모두 같은 종이이기 때문에 바로 상자 하나 하나를 다른 상자와 비교해 볼 수 있다.)

애러시는 제임스보다 두 살이 더 많다. 그의 그림(그림 3-3 참조)은 등장인물들에 대해 더 많은 정보를 준다. 공간을 더 많이 의식하고 있다. 배경은 등장인물들의 위치나 더 상세한 등장인물들의 역할을 암시한다. 애러시의 그림은

제목 : 　　　　　　　　　　　　　지은이 :

2

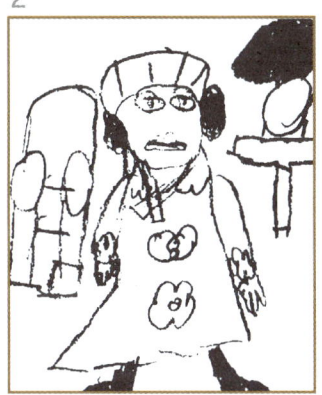

집을 배경으로 등장인물을 그린다.

3

가방을 들고 가게들이 늘어선 거리를 걷고 있는 등장인물을 그린다. 인도에 구멍 난 곳이 있다.

4

등장인물이 구멍에 빠진다. 그 구멍 밑바닥에는……?

5

새로운 등장인물이 첫 번째 등장인물을 특별한 것이 만들어지고 있는 다른 지하 공간으로 데리고 간다.

6

그들은 만들어지고 있는 특별한 물건을 바라본다. 그리고 그때 아주 놀라운 일이 벌어진다. 그들은 재빨리 그곳을 떠나야 한다.

7

두 번째 등장인물은 첫 번째 등장인물에게 집으로 돌아갈 수 있는 지하의 비밀 통로를 알려 준다.

그림 3-2 제임스의 완성된 스토리보드

하나를 제외하고는 모두 옆모습을 보여 준다. 첫 번째 그림은 역동적이지 않고, 정지되어 있기는 하지만 말이다. 마지막에 나오는 네– 나는– 집에– 돌아와서–행복해요 하는 등장인물의 자세는 애러시가 시각적 의사소통에 타고난 자질이 있음을 보여 준다. 시작하는 장면의 소극적인 배경과 그것과 똑같이 적극적이지 않은 결말은 그들 사이에 놓여 있는 긴장감을 지속하고 있다. 열 살 된 캐서린은 자신의 스토리보드에서(그림 3-4) 그림으로 연속적인 장면을 구성하는 기본적인 지식을 보여 준다. 캐서린은 직관적으로 동적인 모습을 그려 넣을 상자에 등장인물의 옆모습을 사용하기에 앞서 앞모습을 그려 등장인물을 소개한다. 5페이지에서 캐서린은 등장인물을 서로 마주보게 함으로써 두 사람이 대화를 나누고 있음을 정확하게 표현하고 있다. 또 옷과 헤어스타일로 그들의 성을 구별한다. (인물들이 기선에 부동자세로 서 있는 제임스의 그림 상자들과 비교해 볼 때) 캐서린의 인물들은 전경 아래쪽에 제대로 자리 잡고 있다. 끝으로 캐서린은 2페이지에 그렸던 것과 똑같은 부엌 장면을 7페이지에 작은 부분까지 정확하게 그려 넣는 시각적 이해력을 보여 준다.

이야기를 글로 쓰기

그림 3-5에 나오는 여섯 개의 글 상자는 여섯 개의 그림 상자와 짝을 이룬다. 학생들은 인쇄된 계획안에 힘입어 처음에는 말로 이야기를 대충 요약하고, 그런 다음에 글로 써 내려갔다. (상자가 작기 때문에 어쩔 수 없이 에피소드도 간단해야 한다. 먼저 그려 놓은 그림은 정신을 집중하는 데 아주 유용하다!) "옛날 옛날에……"로 글을 시작하는 것을 절대로 허용하지 않는 대신 다른 시작 문구를 생각하기 위해 머리를 짜내야 했다.

제임스, 애러시, 캐서린의 초안(그림 3-6, 3-7, 3-8)은 이야기와 그림을 구분지어 작업하는 것이 과정을 세련되게 하는 데 얼마나 도움이 되는지를 보여준다. 일상적인 실수가 없는 것은 아니지만 아이들은 확신을 가진 상태에서 글을 쓴다. 그림을 보며 무슨 일이 벌어지고 있는지 진행되는 상황을 알 수 있기 때문에 잘못된 점과 고쳐야 할 부분을 훨씬 더 쉽게 찾을 수 있다. 전반적으로 보아 계획을 세워 만든 에피소드는 공동 제작의 편집과 연결되어 아이 혼자 보통 쓰는 메모첩에 작업한 것보다 더 말끔하고 분명한 것이 된다.

가장 힘든 과제는 결말을 구성하는 것이다. 학생들 대부분은 주인공이 지하 세계를 여행하고 나서 어떤 방법으로 자기 집으로 돌아가느냐를 궁리해 내는 일을 무척 힘들어했다. 마침내 방법을 궁리해 낸 다음에도 결말이 원만하게 흘러가지 않아서 당혹스러워했다. 최종 장면은 능동적인 것보다는 소극적인 경우가 많았다.

책 만들기

마침내 학생들은 자신들이 스케치한 그림과 이야기 초안을 가지고 페이지 레이아웃 판형(그림 3-9)을 이용해 책을 완성했다. 페이지 레이아웃 판형은 세 장의 연이은 페이지와 앞표지, 뒤표지로 이루어져 있다. 일반적으로는 일러스트 / 본문과 본문 / 일러스트를 번갈아 넣는 방식을 사용한다(4페이지와 5페이지는 틀이 잡힌 공간 안에 본문과 일러스트가 한데 들어가 있는 형태를 보여 준다). 변화를 주기 위해 6페이지와 7페이지에서 배열 순서가 뒤바뀌어 있다.

초안과 스케치를 가지고 책을 만드는 일은 아무리 초안과 스케치의 내용 자체가 만족스럽다고 해도 간단하게 자료를 옮겨서 될 일이 아니다. 일러스트가 들어가는 공간이 더 넓어지기 때문에 그림 그리는 방법이 달라져야 한다. 그리고 비좁은 공간에 답답하게 쓰여 있는 이야기 초안은 책의 페이지 위로 옮기면 자유로워진다.

제임스의 완성된 책(그림 3-10 참조)은 더 넓어진 공간이 그에게 얼마나 해방

제목 :   지은이 :

2

집을 배경으로 등장인물을 그린다.

3

가방을 들고 가게들이 늘어선 거리를 걷고 있는 등장인물을 그린다. 인도에 구멍 난 곳이 있다.

4

등장인물이 구멍에 빠진다. 그 구멍 밑바닥에는……?

5

새로운 등장인물이 첫 번째 등장인물을 특별한 것이 만들어지고 있는 다른 지하 공간으로 데리고 간다.

6

그들은 만들어지고 있는 특별한 물건을 바라본다. 그리고 그때 아주 놀라운 일이 벌어진다. 그들은 재빨리 그곳을 떠나야 한다.

7

두 번째 등장인물은 첫 번째 등장인물에게 집으로 돌아갈 수 있는 지하의 비밀 통로를 알려 준다.

그림 3-3 애러시의 완성된 스토리보드

제목 :   지은이 :

2

집을 배경으로 등장인물을 그린다.

3

가방을 들고 가게들이 늘어선 거리를 걷고 있는 등장인물을 그린다. 인도에 구멍 난 곳이 있다.

4

등장인물이 구멍에 빠진다. 그 구멍 밑바닥에는……?

5

새로운 등장인물이 첫 번째 등장인물을 특별한 것이 만들어지고 있는 다른 지하 공간으로 데리고 간다.

6

그들은 만들어지고 있는 특별한 물건을 바라본다. 그리고 그때 아주 놀라운 일이 벌어진다. 그들은 재빨리 그곳을 떠나야 한다.

7

두 번째 등장인물은 첫 번째 등장인물에게 집으로 돌아갈 수 있는 지하의 비밀 통로를 알려 준다.

그림 3-4 캐서린의 완성된 스토리보드

제목 :   지은이 :

2

등장인물에 대해 설명하고 등장인물이 무엇을 하려고 하는지 이야기한다. (쇼핑하러 나간다- 왜?)

3

거리를 걷고 있는 등장인물을 묘사한다. 등장인물은 무슨 생각을 하고 있는가?

4

등장인물이 구멍에 빠지는 장면을 이야기한다. 그리고 등장인물이 바닥에서 무엇을 발견하는지를 서술한다.

5

첫 번째 등장인물을 지하 세계의 다른 장소로 데리고 가는 새로운 등장인물을 묘사한다. 거기에서 만들어지는 특별한 '것'에 대해서도 설명한다.

6

어떤 놀라운 일이 벌어지는지, 그리고 왜 두 사람이 재빨리 그곳을 떠나야 하는지 서술한다.

7

두 번째 등장인물이 첫 번째 등장인물을 집으로 돌아가게 하는 비밀 통로로 안내하는 장면을 묘사한다. 이야기를 어떻게 결말지을까?

그림 3-5 사실적으로 분리된 이야기 상자

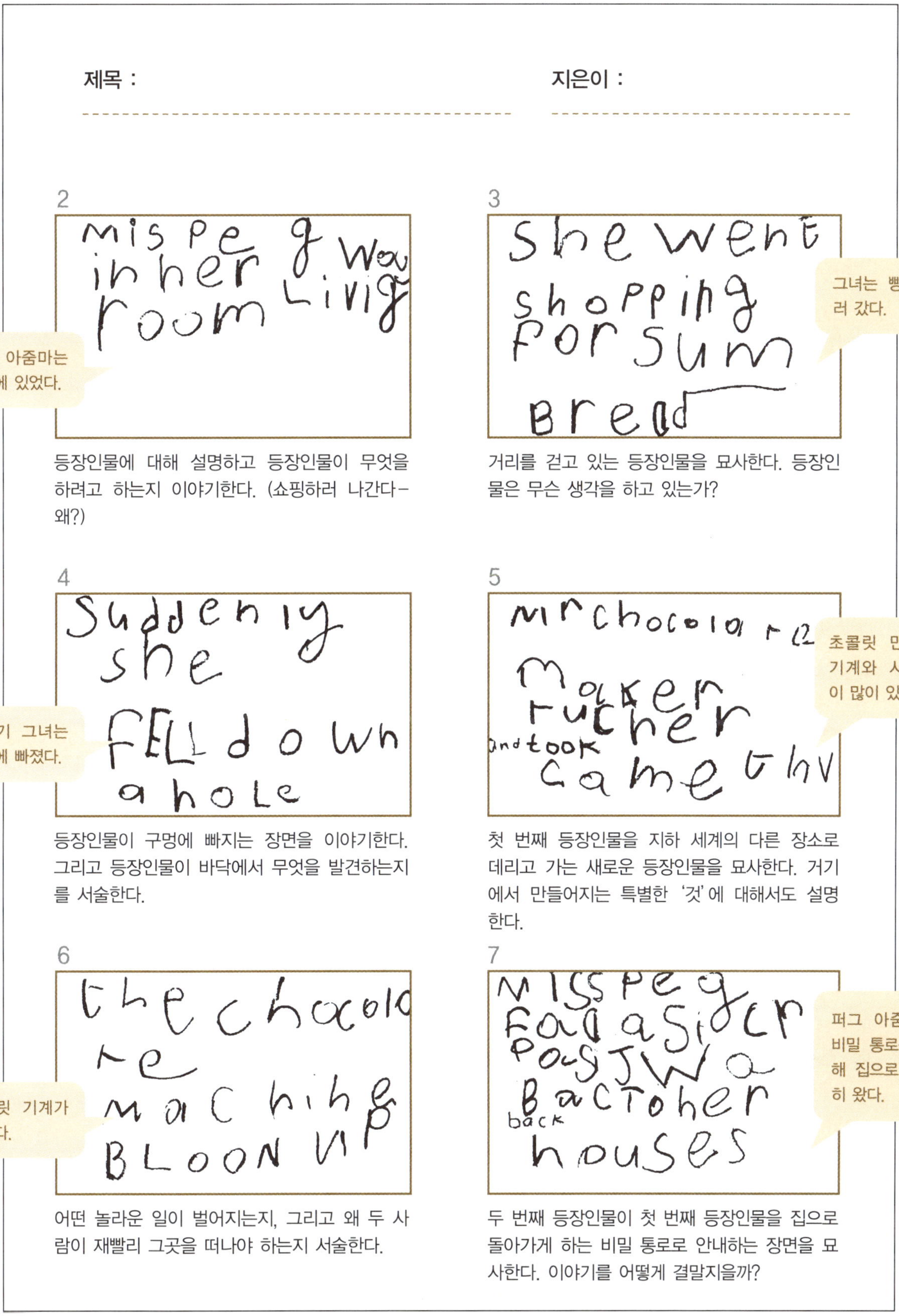

제목 : _____   지은이 : _____

2

mis peg
in her g way
room Living

> 퍼그 아줌마는 거실에 있었다.

등장인물에 대해 설명하고 등장인물이 무엇을 하려고 하는지 이야기한다. (쇼핑하러 나간다 - 왜?)

3

She went
shopping
for sum
bread

> 그녀는 빵을 사러 갔다.

거리를 걷고 있는 등장인물을 묘사한다. 등장인물은 무슨 생각을 하고 있는가?

4

Suddenly
she
FELL down
a hole

> 갑자기 그녀는 구멍에 빠졌다.

등장인물이 구멍에 빠지는 장면을 이야기한다. 그리고 등장인물이 바닥에서 무엇을 발견하는지를 서술한다.

5

mr chocolate
Maker
and took rucher
came t hv

> 초콜릿 만드는 기계와 사람들이 많이 있었다.

첫 번째 등장인물을 지하 세계의 다른 장소로 데리고 가는 새로운 등장인물을 묘사한다. 거기에서 만들어지는 특별한 '것'에 대해서도 설명한다.

6

the chocolate
maching
BLOON UP

> 초콜릿 기계가 터졌다.

어떤 놀라운 일이 벌어지는지, 그리고 왜 두 사람이 재빨리 그곳을 떠나야 하는지 서술한다.

7

miss peg
fat a sicr
pous jw a
back to her
houses

> 퍼그 아줌마는 비밀 통로를 통해 집으로 무사히 왔다.

두 번째 등장인물이 첫 번째 등장인물을 집으로 돌아가게 하는 비밀 통로로 안내하는 장면을 묘사한다. 이야기를 어떻게 결말지을까?

그림 3-6 제임스의 완성된 이야기 상자

제목 :   지은이 :

2

Once, mr Brown was feeling hungry, so he decided to go to the bakers, to buy a doughnut.

> 어느날 브라운 씨는 배가 고파서 도넛을 사러 빵집으로 가기로 했다.

등장인물에 대해 설명하고 등장인물이 무엇을 하려고 하는지 이야기한다. (쇼핑하러 나간다 - 왜?)

3

He was just thinking about his favourite jam doughnut he had just seen in the backers.

> 그는 자기가 가장 좋아하는 잼 도넛을 생각했다. 그는 빵집에서 맛본 적이 있다.

거리를 걷고 있는 등장인물을 묘사한다. 등장인물은 무슨 생각을 하고 있는가?

4

Suddenly he fell into a large hole. At the side of the hole there was a door.

> 갑자기 브라운 씨는 길 옆에 있는 구멍에 빠졌다.

등장인물이 구멍에 빠지는 장면을 이야기한다. 그리고 등장인물이 바닥에서 무엇을 발견하는지를 서술한다.

5

Just then the door and a strange a that looked like came out of Said hello, I am It. Do you want to my toy factory? yes please said mr. Brown

> 그러자 문이 열리고 두더지처럼 생긴 낯선 동물이 나와서 안녕하고 말했다. 브라운 씨도 따라 인사했다. 당신은 장난감 공장에 들어가보고 싶지 않으세요? 들여보내주시오 하고 브라운 씨는 말했다.

첫 번째 등장인물을 지하 세계의 다른 장소로 데리고 가는 새로운 등장인물을 묘사한다. 거기에서 만들어지는 특별한 '것'에 대해서도 설명한다.

6

This is our toy factory said It. What is that asked mr. Brown. Bang said It. a bomb Follow m

> 이곳은 장난감 공장입니다. 저것은 뭐냐고 브라운 씨는 물었다. 폭탄이라고 말했다.

어떤 놀라운 일이 벌어지는지, 그리고 왜 두 사람이 재빨리 그곳을 떠나야 하는지 서술한다.

7

Where said mr. Brown. this secret tunnel At end there was a do Mr. Brown opened it and found himself in his back garden.

> 브라운 씨는 비밀 장소의 한 끝에 문이 있어서 열어보고 자신의 집 정원으로 돌아왔음을 알았다.

두 번째 등장인물이 첫 번째 등장인물을 집으로 돌아가게 하는 비밀 통로로 안내하는 장면을 묘사한다. 이야기를 어떻게 결말지을까?

그림 3-7 애러시의 완성된 이야기 상자

제목 : _____   지은이 : _____

2

Mrs Peters was out of Coffe so she decided to go to inteway to get some more.

> 피터 씨는 커피를 마시러 출입문을 나섰다.

등장인물에 대해 설명하고 등장인물이 무엇을 하려고 하는지 이야기한다. (쇼핑하러 나간다 - 왜?)

3

As She was walking dow the street she was wondering weather she sh get some biscits while she was out.

> 그녀는 거리를 따라 걷고 있었는데 외출할 때 날씨가 어떨까 염려스러웠다.

거리를 걷고 있는 등장인물을 묘사한다. 등장인물은 무슨 생각을 하고 있는가?

4

Mrs Peters suddenly fell down a hole. At the bott there was a shining door with a key on the floor.

> 피터 씨는 갑자기 구멍에 빠졌다. 밑바닥에는 지하층에 열쇠가 꽂힌 빛나는 문이 있었다.

등장인물이 구멍에 빠지는 장면을 이야기한다. 그리고 등장인물이 바닥에서 무엇을 발견하는지를 서술한다.

5

A man apeared behind Mrs Peters, and Picked u the key and opened the d Then he said to Mrs Peters "Come this way" and he s My name is Michael.

> 한 남자가 피터 씨 뒤에서 나타나 열쇠를 대신 꽂아 문을 열어주었다. 그리고 피터 씨에게 말했다. "이쪽으로 오시죠" 그리고 "내 이름은 마이클입니다"라고 말했다.

첫 번째 등장인물을 지하 세계의 다른 장소로 데리고 가는 새로운 등장인물을 묘사한다. 거기에서 만들어지는 특별한 '것'에 대해서도 설명한다.

6

Michael took Mrs Peters throug the door and into a room were machines were making burgers and Chips. The burge and chips came to life, so Michael and Mrs Peters went thro another door. ran

> 마이클은 피터 씨를 문 안으로 들여보내 안내했는데, 기계가 버거와 칩스를 만들고 있었다. 버거와 칩스는 살아 있어서 마이클과 피터 씨는 다른 문으로 갔다.

어떤 놀라운 일이 벌어지는지, 그리고 왜 두 사람이 재빨리 그곳을 떠나야 하는지 서술한다.

7

Michael took Mrs Peter Some steps back into Kitchens through a trap Michael said "Goodbye. Mrs Peters went to buy Some Coffee but she ma ...

> 마이클은 피터 씨를 조그마한 구멍을 통해 위로 올라가게 했다. 마이클은 "안녕"하고 말했다. 피터 씨는 커피를 사러 갔다. 그래서 다시 구멍에 빠졌다.

두 번째 등장인물이 첫 번째 등장인물을 집으로 돌아가게 하는 비밀 통로로 안내하는 장면을 묘사한다. 이야기를 어떻게 결말지을까?

그림 3-8 캐서린의 완성된 이야기 상자

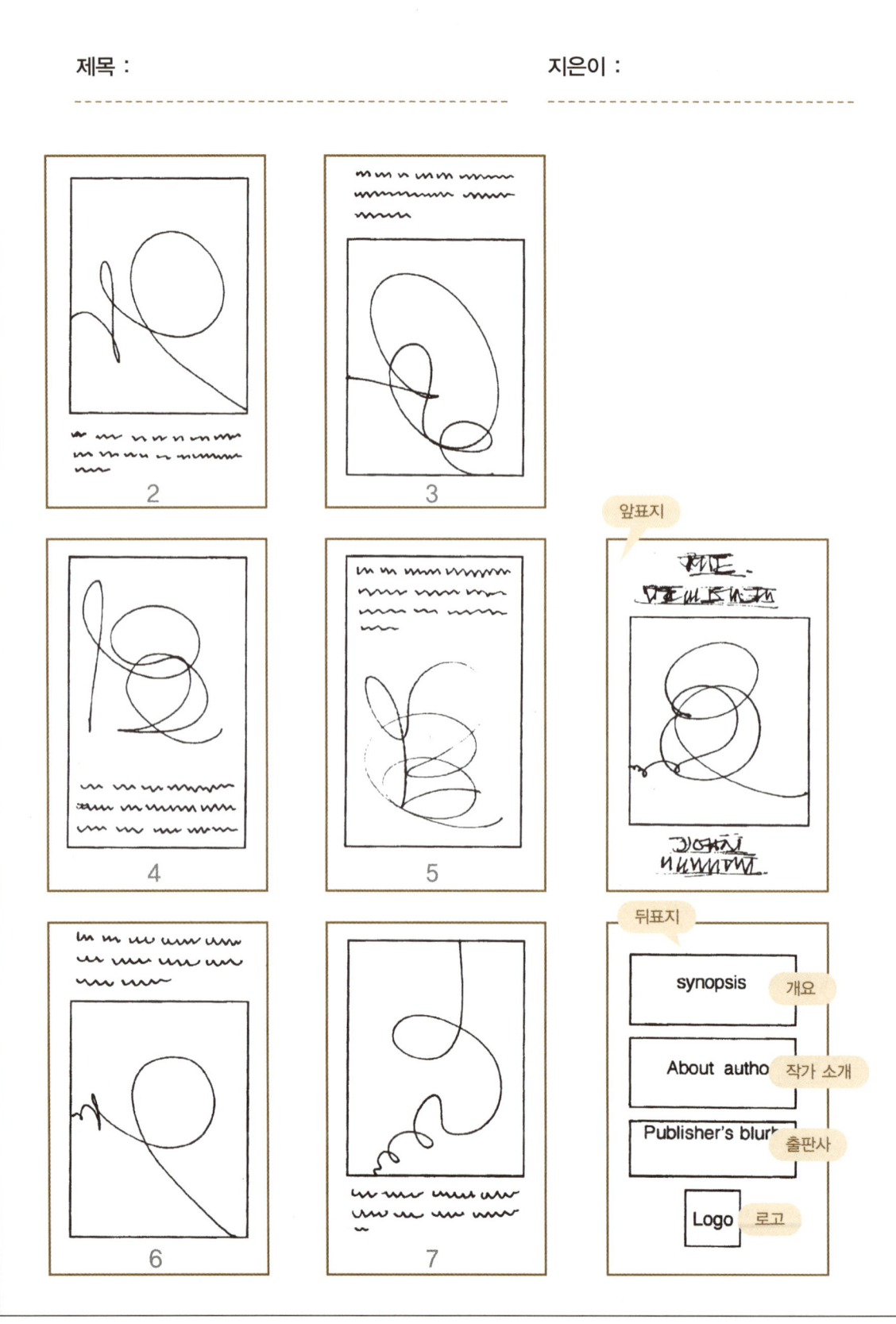

그림 3-9 북 레이아웃 판형

감을 가져다주는지 그 효과를 여실히 보여 준다. 예를 들어 구멍 아래 공간을 묘사한 스케치(4페이지)는 혼란스러워 보였는데, 책에는 대담한 그림으로 바뀌어 있다. 제임스의 초콜릿 공장 장면 스케치는 두 사람의 등장인물이 부딪힐 듯이 그려져 있는데 완성된 일러스트에서는 등장인물들이 신중하게 계산된 간격을 두고 서로 이야기하고 있다. (이것이 6장에서 이야기하는 '공간 역학'의 한 예이다. 자세히 이야기하자면 인물들이 너무 가까이 있으면 혼란스러워 보이고, 너무 멀리 떨어져 있으면 두 사람 사이가 아무런 연관이 없어 보인다. 가운데의 중심이 되는 지점의 양쪽에 균형을 잡고 있어야 두 사람이 이야기를 나누고 있는 것처럼 보인다.) 제임스는 또 완성된 책에서 인물들을 수평선상에서 좀더 가운데 지점으로 올려 그렸다. 중경에서 인물의 전체적인 모습을 볼 수 있도록 하기 위해서이다. 이렇게 더 발전된 그림은 밑그림 스케치가 없었다면 나오지 않았을 것이다.

마찬가지로 애러시의 책(그림 3-11 참조)에서도 향상된 모습을 볼 수 있다. 예를 들어 스케치의 첫 번째 상자에 나오는 브라운 씨의 실크해트가 없어졌다. 책에서는 논리상 당연하게 다음 페이지에 나오는 바깥 장면에서 처음으로 브라운 씨의 머리에 실크해트가 얹혀져 있다. 거리 장면을 그린 작은 스케치는 완성된 그림에서 풍부한 구성을 하기 위한 방안을 마련한다. 애러시가 스케치하지 않고 그렇게 많은 흥미 있는 정보들로 공간을 채울 수 있을지 의심스럽다. 4페이지에 나오는 인물은 떨어지는 모습으로 그려져 있다. (애러시는 움직이는 모형의 인물－133페이지 참조－을 사용했다.) 완결판에 지하 세계의 관이 새롭게 등장하는 것도 놓치지 말고 보아야 한다. 책에서 6페이지는 상징적인 방식으로 크기를 이용한다. 스케치에서 크게 그려진 브라운 씨의 모습은 폭발 상황을 작아 보이게 한다. 그런데 책에서는 브라운 씨가 꼭대기 오른쪽 구석에 조그맣게 그려져 있어서 폭발 상황이 더 강조('비중 있는')되어 보인다.

그림 3-10 제임스의 완성된 책

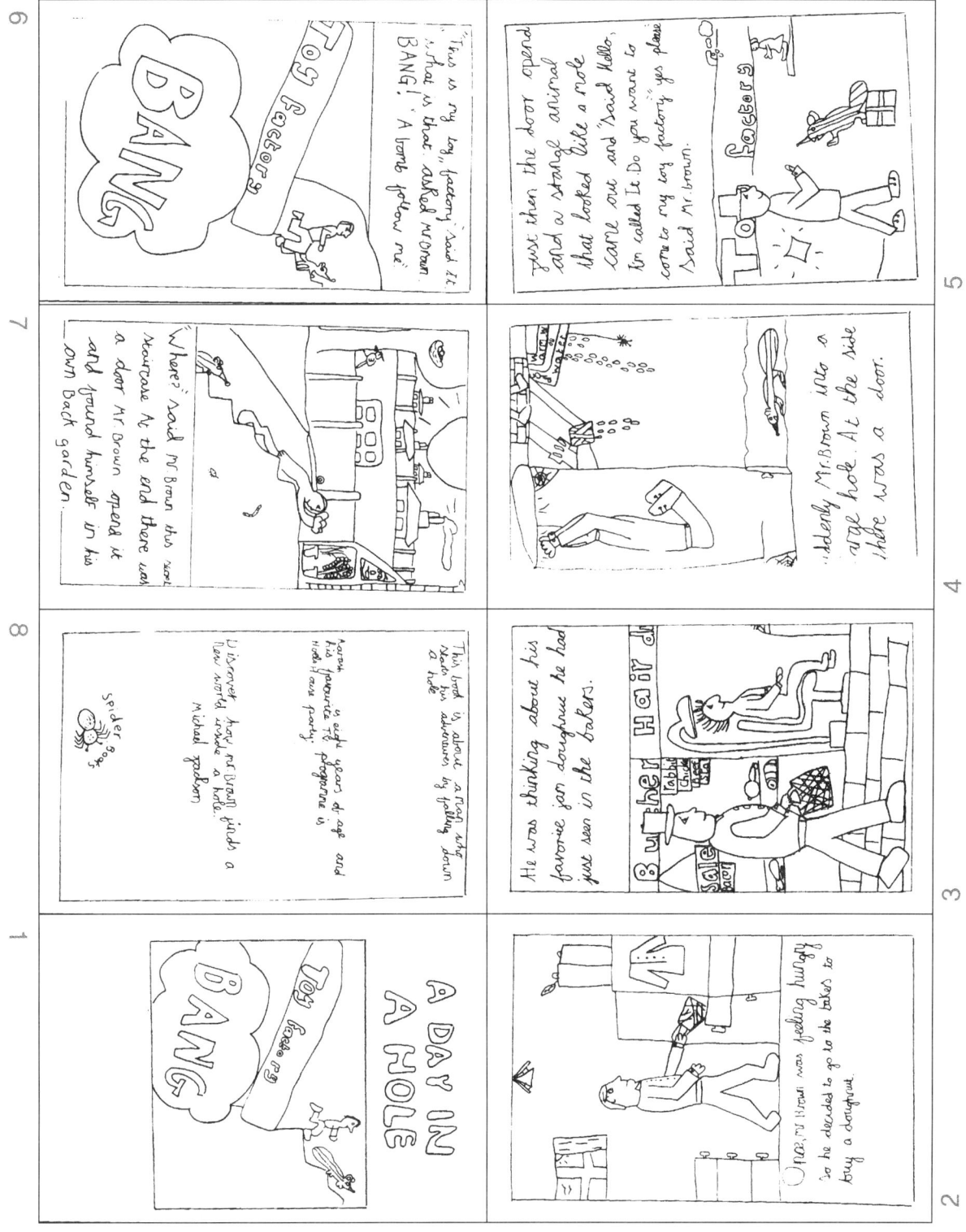

그림 3-11 애러시의 완성된 책

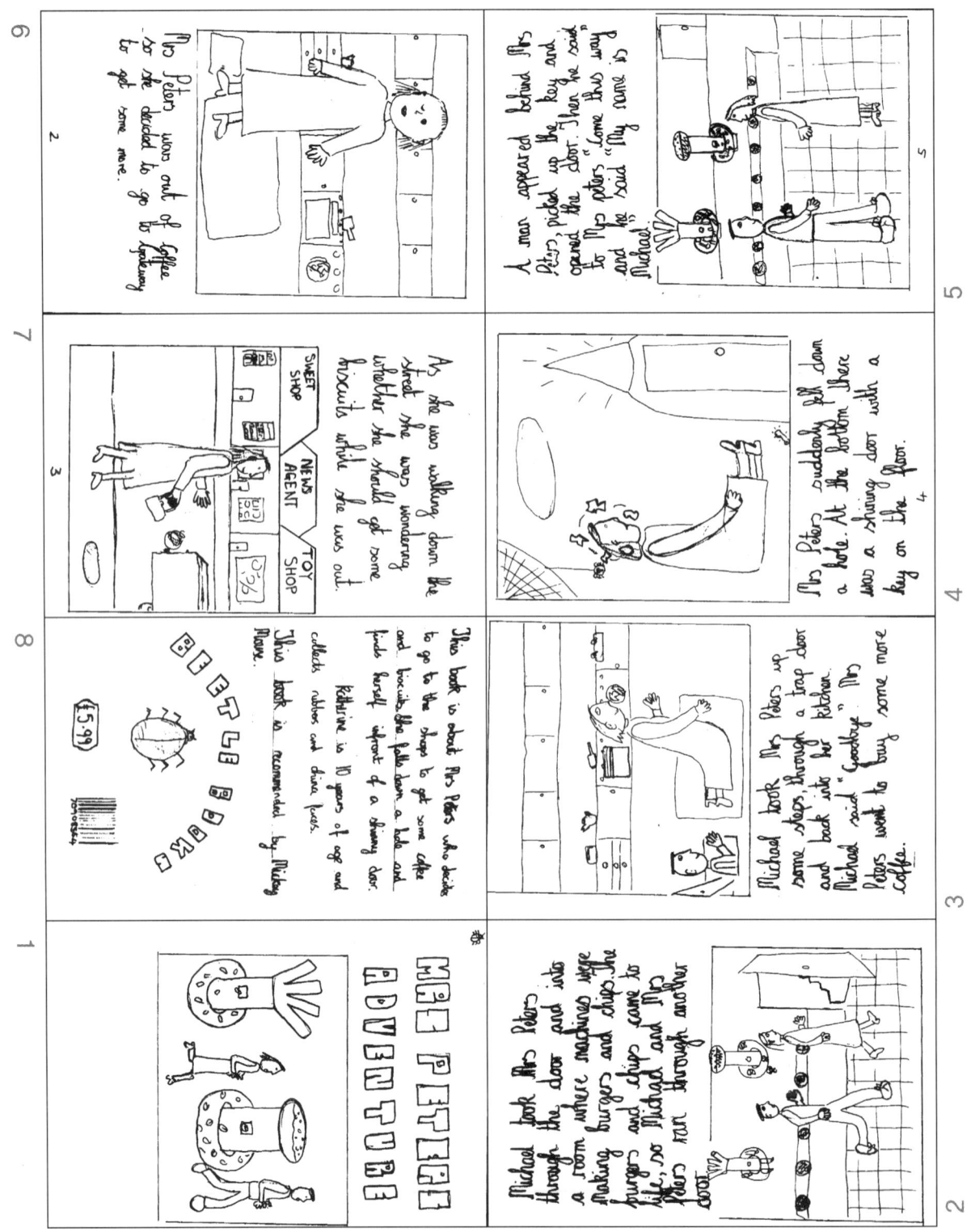

그림 3-12 캐서린의 완성된 책

캐서린은 자신의 책(그림 3-12 참조)에 그려진 대부분의 일러스트에서 그림이 들어가는 공간을 구분지어 놓았다. 아래의 절반에는 전경(보는 사람에게 가까운 쪽)이 그려지고, 위쪽 절반에는 중경(보는 사람에게서 더 멀리 있는)이 그려진다. 그 결과로 캐서린은 재미있는 특별한 공간을 표현할 수 있다. 인물들의 달리는 모습을 그려야 할 때 캐서린은 여자의 다리와, 더 세련되게는 무릎을 구부리고 있는 남자 다리의 각도를 벌림으로써 움직임을 암시한다. (애러시처럼 캐서린도 움직이는 모형의 인물을 이용했다.) 이것은 캐서린의 완성된 일러스트의 정지된 구성과는 완전한 대조를 이룬다.

성공의 기쁨을 경험하기

이런 그림 이야기책을 체계적으로 계획하는 일은 학생들의 글쓰기와 그림 그리기 활동을 활발하게 해준다. 신중하게 종이를 접고 필요할 때마다 각 단계를 검토하고 다시 작업하면서 글과 그림이 들어간 이야기를 갈고 닦아서 결국에는 하나의 융화된, 지적이고 재치 있는 표현으로 완성된 형태를 이끌어 낸다. 그러나 이런 경험은 학생들이 스스로 이야기해야 한다.

> 페그 아줌마 이야기를 생각해 내고, 페그 아줌마 이야기를 만들게 되어서 좋았다……. 내 마음에 드는 그림은 아줌마가 비밀 통로로 집에 돌아오는 장면이다……. 나는 비행기 여행에 관한 책을 만들고 싶다. 그리고 집에서도 책을 만들고 싶다. – 제임스

> 그림을 그리면 그릴수록 그 안에 넣을 것이 더 많이 떠오른다……. 구멍 아래로 떨어지는 사람을 그리는 것은 어려운 일이라고 생각한다. 왜냐하면 그런 일이 정말로 어떤지 모르기 때문이다. 하지만 종이로 된 움직이는 사람 모형이 많은 도움을 주었다……. 브라운 씨가 집에 다시 돌아온 후 일어난 일에 대해 이야기

를 써보고 싶다……. 나는 이 책을 만드는 일이 정말로 즐거웠다. 앞으로도 더 많은 책을 만들어 보고 싶다. 이미 만들어진 책에 글만 쓰는 것보다 훨씬 재미있다. - 애러시

내 이야기에 나오는 사람들이 더 재미있게 입을 수 있도록 옷을 만들 수 있었을 텐데……. 찬장을 텅 빈 채로 그리지 않고, 부엌에 여러 가지 것들을 많이 놓아 둘 수도 있었을 텐데 하는 생각이 든다. 이야기를 만들 수 있어서 정말 기쁘다. 하지만 다시 책을 만든다면 더 많은 물건들이 기계들과 함께 방에 들어갈 수 있도록 책을 더 크게 만들고 싶다. 다음에 만들 책은 '지하 세계의 생활'이라고 제목을 붙일 것이다. 이 책들이 특별한 점은 진짜 책 같다는 것이다. 나는 이것이 내가 학교에 다니면서 만든 최고로 치는 것들 중 하나라고 생각한다. - 캐서린

'아이들'은 판타지를 통해 세계가 어떤지 시험해 본다.
그리고 세상이 어떻게 다른지 상상해 봄으로써 실제로 어떤지 확인해 본다.
언어 수업에서 판타지를 만들고 상상할 수 있는 이런 능력은
놀이할 때 구성적인 부분을 차지한다.

- 수전 흘리웰

글을 다듬고 그림으로 표현하는 북아트 방법론

아이들은 너무 어린 나이에 책 만들기를 시작할 수 없다. 그리고 책을 만들려면 우선 책이 어떤 것이고, 어떤 역할을 하는지 알아야 한다. 책에 대한 개념을 탐색하기 위해서는 아이들이 부딪히게 될 문제들을 풀 수 있도록 도와줄 체계적인 실행 계획이 필요하다. 여기에 세 가지 주 제목 아래 열 가지로 세분화된 실행 계획을 제안한다.

준비 〉〉〉
1단계 책 형태 만들기
2단계 이야기의 초안을 잡고, 주요 독자 정하기
3단계 이야기 구성하기
4단계 이야기 장면의 초고 쓰기
5단계 편집하기

만들기 >>>

6단계 페이지 디자인하기

7단계 본문 옮겨 쓰기

8단계 일러스트 그리기

9단계 표지 디자인하기

자기가 만든 책 소개하기 >>>

10단계 출판, 배포, 연속물 개발하기

1단계 _ 책 형태 만들기

아이들에게는 자신들의 생각을 담을 그릇이 필요하다. 그러므로 아이들은 우선 책 형태를 만들거나 누군가 만들어 주어야 한다. 아코디언 책이나 오리가미 책(부록 참조)은 처음 시작하기에 적당한 형태이다. 이들 교사들이 밝혔다시피 이런 실제적인 물건이 아이들의 인지에 미치는 영향은 놀라울 정도이다.

> 아이 한 명당 기본형 책 한 권씩 주면 충분하다고 생각했다. 그런데 놀이 시간에 아이들이 몰려와 더 만들어 달라고 졸라댔다. 학습 장애가 심한 세바스찬이 책에다 글을 쓰겠다고 다른 책을 달라고 했다. 나는 깜짝 놀랐다. 작은 오리가미 책이 완성되면 아이들은 모두에게 보여 주려고 그것을 아이들 방으로 가지고 온다. 아이들은 자기들이 만든 책을 대단히 자랑스러워했다.

아이들은 또 책 형태를 만드는 종이의 재질에도 영향을 받는다. 싸고 얇은 종이는 시험 작업과 초안을 만들기에 적당하다. 하지만 완성된 책을 만들 때는 사용하지 않는 것이 좋다. 양질의 글쓰기를 원한다면 양질의 재료를 제공해야 한다. 특히 몇 주일에 걸쳐 만들어 내는 책인 경우에는 더욱 그렇다.

2단계 _ 이야기의 초안을 잡고, 주요 독자 정하기

이야기 쓰기의 시작

이야기의 아이디어는 우리가 경험한 데서 나온다. 다섯 살 된 아이에게 "이야기를 만들어 보라"고 요구하면 세 마리 곰이나 그 비슷한 이야기를 들을 것이다. 아이의 창작 능력은 제한되어 있기 때문에 아이는 모두가 아는 이야기를 되풀이하거나 개인적인 경험을 하나하나 주워섬긴다. 좀더 큰 아이들은 친근한 등장인물, 상황과 배경을 끌어다가 새로 꾸민다. 예를 들어 백설공주가 쇼핑하러 갔는데 친구를 만나 파티를 하거나 유령을 만난다는 식의 이야기를 꾸민다.

알려진 이야기를 기초 삼아 새로운 줄거리를 만들어 낼 만큼 자신감도 생기고, 자극도 받으면서 아이들은 계속해서 같은 등장인물을 이용하고, '다음 에피소드'를 구상하며 낯익은 이야기를 만든다. 아니면 자신들이 공부한 역사적인 시기에 나오는 등장인물이나 상황을 따다가 이야기로 다시 만든다. 이런 종류의 글을 쓰려면 말할 때 역사적인 정확성을 요구한다.

지어낸 이야기라고 하면 우리는 막연히 '모험'이라고 생각한다. 하지만 이 책에 나온 아이들 작품 사례에서 보듯 그 이야기들은 재미있는 만화 형태에서 교훈적인 내용이 강한 작품과 절반이 사실에 바탕을 둔 자기 이야기까지 많은 방법과 수많은 스타일로 꾸며질 수 있다.

실제로 아이들이 전혀 '새로운' 이야기를 쓴다는 것은 쉽지 않다. 성인 작가들은 실생활에서 만나는 사람들, 어쩔 수 없이 부딪히게 되는 상황을 가지고 글을 쓴다. 그러나 자신들이 바깥으로 나갈 수 없고, 어른들이 하는 방식으로 다른 사람들과 자신들의 관계를 분석할 능력이 없는 아이들은 전자 매체와 동화책에서 얻어 들은 단편적인 것들을 가지고 줄거리를 만드는 경향이 있다. 그러므로 그 많은 텔레비전의 어린이 프로그램과 비디오를 보거나 컴퓨터 게임을 하지 않는다면 아이들이 자기 이야기에 등장하는 인물들을 스스로 생각해서 만들어 냈는지 아니면 자신들이 즐기는 전자 매체에서 따온 것인지 알아내는 것은 불가능하다. 그러나 시간을 가지고 잘 가르치면 학생들은 스스로 이야기를 꾸밀 줄 알게 된다.

이야기의 주인공과 배경

나는 이야기책 프로젝트를 많이 진행하면서 이런 질문으로 시작한다. 우리 이야기는 누구에 관한 것인가? 어디에서 생긴 일인가? 원만하고 설득력 있는 등장인물과 확실하게 표현된 배경은 줄거리를 이끌어 가는 데 반드시 필요한 것들이다. 그러나 어린아이들의 인물 묘사는 대개 상징적이다. 특정 사람이 아니라 '어떤 사람', 정확하게 특징을 묘사한 집이 아니라 '어떤 집'이라고 이야기한다.

많은 아이들 이야기에 나오는 등장인물들은 발전하지 못하고, 이야기를 전달하는 수단으로 이용된다. '이러이러한 일을 벌인 누군가'로 말이다. 현실성 있어 보이는 가공인물을 그림으로 표현하려면 많은 연습을 해야 한다. '어떤 사람'에서 '마술사'로, '스펠 씨라는 이름을 가진 마술사'로 발전해 가는 일은 단 몇 분 만에 이루어질 수도 있고, 몇 주일이 걸릴 수도 있다. 그리고 학생의 나이는 이런 작업에 별 영향을 미치지 않는다. 창조적 경험을 발달시키지 못한 열한 살 된 학생이 상상력이 뛰어난 여섯 살 된 아이들보다 이야기에 나오는 등장인물들을 한데 합치는 일에 서투를 수 있다.

이야기를 만들어 내는 북아트 접근법은 아이들이 등장인물을 구상하는 데 도움을 주는 독특한 방법을 마련하고 있다. 예를 들어 등장인물에 관해 글쓰기 전에 그림을 그리면 나중에 등장인물을 글로 묘사하는 데에 큰 영향을 미칠 것이다.

스토리텔링

이야기 쓰기와 스토리텔링은 유기적인 관계를 갖는다. 즉석에서 이야기하는 작업에 참여하고, 이야기 줄거리에 대한 의견을 내며, 친구들과 토론하는 일은 아이의 사회적 발달과 언어 발달에 반드시 필요하다. 우리의 스토리텔링 전통과, 교사와 학생이 좋아하는 민담이나 현시대의 이야기들을 다시 해보는 더 넓은 배경에서 보아야 한다. 이는 아이들이 토론을 통해 좋은 이야기를 만들어 내는 방법을 배우고 자신들이 속한 사회의 문화와 다른 문화의 언어 습관을 공유하기 위해서이다.

어린이 문학

아이들이 만든 책은 디자인이나 내용 면에서 아이들이 읽은 책들과 비슷하다. 픽션과 논픽션을 고루 읽으면 읽을수록 책에 관한 아이들의 지식이 늘어나고, 교사의 지도에 따라 책이 어떻게 작용하는가에 관한 지식도 늘어난다. 책 형태(부록 참조)가 풍경화 방향인가 초상화 방향인가는 본문과 일러스트가 페이지의 어디에 앉혀지느냐를 통제한다. 전문적인 일러스트레이터들은 독특한 그림을 공간에 맞추기 위해 온갖 구성 기법을 이용한다. (예를 들어 초상화 방향으로 된 책에서 페이지 절반에 본문이 들어가고, 나머지 절반에 일러스트가 들어간다면 일러스트는 풍경화 방향으로 자리 잡을 것이다.) 아이들은 배경과 모양을 조화롭게 맞추는 법을 배워야 한다. 주어진 공간에 맞추기 위해 글로 쓰인 에피소드를 줄이는 것과 같다. 로저 비어드(1984)는 아이들이 이야기를 읽음으로써 '이야기 문법'을 알게 된다고 지적한다. 바로 이 이야기들이 공식이나 다름없는 시작과 결말, 그리고 시간과 공간을 공유하는 사건

같은 일반적인 구성 요소들을 아이들에게 알려 준다는 것이다. 책의 표면 아래에서 직접적으로 무엇을 말하느냐가 아니라 무엇을 암시하는지를 알고, 등장인물이 부딪히게 될 '문제'를 토론하며, 가능성 있는 결말을 예측하고, 대체로 산문 쓰기의 기술을 터득하는 것은 학생들이 글쓰는 데 가장 확실한 기초가 된다. 글쓰기 형식의 모델을 제시하는 것과 관련하여 이야기 쓰기의 다른 스타일(예를 들어 1인칭이냐 3인칭이냐)을 인식하고 있으면 아이들이 자신들이 할 수 있는 것을 선택하는 데 무리가 없다.

공동 작업으로 만들기

책 만들기는 학생들에게 주어진 프로젝트를 가지고 함께 작업하는 좋은 기회를 제공한다. A라는 아이가 책 전체의 글을 맡아서 쓰고, B라는 아이가 책 전체의 그림을 맡아서 그리는 것에서부터 A라는 아이가 첫 페이지에 들어갈 글과 그림을 맡고, B라는 아이가 다음 페이지에 들어갈 글과 그림을 맡는 방법 등등 여러 가지가 있을 수 있다. 책의 페이지가 더 늘어난다면 역할 분담을 반복적으로 맡는 식으로 할 수도 있고, 학생들이 한 페이지, 한 페이지 의논해 가며 일을 진행할 수도 있다.

한 테이블에 앉은 여섯 학생 모두가 사실상 제작 팀을 이루어 주어진 책을 만들 수 있다. 한 아이가 일정한 시간에 책을 가지고 작업을 할 수 있을 때 몇 가지 요소들이 반드시 분리된 종이 위에서 만들어지고, 끝났을 때 그 안에서 붙여질 것이다. 구상하고 초안을 만들며 편집하는 단계와 과제의 전체적인 위임은 이 일에 참여하는 아이들이 서로 영향을 미치며 해볼 만한 목표의 범위를 만들어 낼 것이다.

모양과 내용

대부분의 아이들이 이야기 쓰기에 열정을 보이는데 그것이 쉬운 작업이라고는 생각지 않는다. 아이들은 일반적으로 모양은 갖추지만 내용이 없거나 내용은 있지만 모양이 없는 이야기를 생각해 낸다.

모양은 있으면서 내용이 없는 이야기의 예로는 흔히 '아침에 일어나서 저녁에 다시 자러 가는 이야기(bed-to-bed story)'로 알려져 있는 것을 들 수 있겠다. "존은 일어나서, 옷을 입고, 밖으로 나갔다. 그리고 축구를 하면서 놀다가 수영을 하러 갔다. 그리고 집에 돌아와 잠을 잤다." 이 줄거리에는 ABA 형태 – 집을 떠나서 무슨 일인가를 하고 다시 집에 돌아온다 – 가 들어 있다. 그러나 사건이 평범하고 상황의 진전이 없다. 이런 종류의 이야기에서 '하루'는 아이들이 생각하는 시간의 한계이고, 그러므로 '하루'가 줄거리의 범위를 결정한다.

반대로 아이들이 특별한 사건들을 빠르게 연이어 일어나도록 이야기를 만드는 일이 드물지 않다. 하지만 그런 이야기는 줄거리의 모양이 갖춰져 있지 않다. "어느 날 존은 은행을 털기로 결심했다. 존이 은행에 갔을 때 화성에서 우주선을 타고 온 외계인으로 가득 차 있었다. 외계인들이 그곳에 왔을 때 그들은 몇몇 외계인들이 금성에서 파티를 열었다는 것을 알았다……."

견고한 모양과 상상력이 풍부한 내용을 결합하는 것이 이야기 쓰기의 기술이다.

진부함의 벽을 타고 넘기

가르칠 때 가장 중요하게 생각해야 할 점은 아이들이 쉽게 빠지는 진부함의 덫에서 자유롭게 해주는 것이다. 어떤 또래의 아이들과 하는 작업이든 이야기라는 장르에서는 등장인물과 줄거리에 대해 브레인스토밍하는 것이 최상의 준비 작업이다.

가치 있는 사회적 경험과 대인 관계의 경험을 창출하는 것을 제쳐 두고라도 브레인스토밍은 이야기를 만들어 내려고 열심인 학생들에게 이야기의 윤곽을 제시하고, 이미 만들어진 이야기에 새롭고 독창적인 의외의 사건을 제안한다.

말로 표현하기에서 글쓰기까지

아이들은 '이야기를 만드는 것'과 '만든 이야기를 쓰는 것'은 별개라는 것을 금세 알게 된다. 글쓰기에는 그것만의 논리와 정서가 있다. 유리 슐레비츠는 자신의 작품을 상세하고 흥미진진하게 분석하고 있는 『그림이 있는 글쓰기 Writing with Pictures』(1985)에서 좋은 이야기책이 얼마나 많이 의미 있는 인간적 관심, 사회적 의미, 미학적 매력을 담아 내는지 설명하고 있다. 흥분을 불러일으키고, 설득력 있는 인물을 만들어 내며, 예기치 않은 사건을 보여 주고, 단순하면서 독창성이 가득한 산문 속에서 만족할 만한 결말을 찾아내는 것은 작가의 나이에 관계없이 모든 저작 행위의 목적이다.

독자를 의식하기

좋은 배우가 객석의 한 사람에게 직접 자신의 연기를 전달하는 것처럼 전문적인 작가들은 자신의 책을 만들 때 아이들 하나하나를 염두에 둔다. 그들 책의 특정 독자를 마음에 그릴 수 있는 아이들은 어떤 집단이나 개인을 염두에 두고 기쁜 마음으로 글쓰기한다. 자신들이 인식하지 못하고 있다고 해도 그들은 글쓰기에 관한 고도로 세련된 태도를 발전시켜 가는 중이다.

3단계 _ 이야기 구성하기

페이지가 정해진 책

이야기에는 형식이 있다. 이야기에는 시작(전제), 중간(전개), 끝(결말)이 있다고 간단하게 정의한다. 오리가미 책처럼 여섯 페이지짜리로 정해진 형태는

그림 4-1 아홉 살 된 제시카의 이야기

그것에 맞게 이야기를 정한다. 제시카의 이야기인 「크리스마스 이브 Christmas Eve」(그림 4-1 참조)는 정해진 페이지 위에다 자기 이야기에 등장하는 각각의 물건을 배치하는 것이 얼마나 분명하고 정확하게 생각하도록 하는지 보여 준다. (이와 비슷하게 2장에서 팀은 페이지가 정해진 책에 맞추기 위해 줄거리를 의식적으로 계획함으로써 자신의 허술한 이야기를 대대적으로 정리한다.)

아이들이 '책 만들기에 알맞은 방식'으로 줄거리를 구상하는 데 더 익숙해지면 미리 정해진 페이지 배열이 줄거리를 전개하는 방식을 좌우한다. 예를 들어 그림 4-2에 나오는 오마마의 책은 A AB AB A 체재로 되어 있다. 먼

> 밀크셰이크를 좋아하는 모든 어린이들에게 밀크셰이크를 배달한다.

Marcia, the milk lady enjoys delivering milkshakes which all the children love. She makes many flavours, like rasberry, strawberry, banana and chocolate. She delivers them every morning to children everywhere.
One bright morning

as Marcia was delivering a strawberry milkshake she triped over and fell into the bottle. She found herself in strawberry milkshakeland. She saw some milkshake cars and milkshake shops, and in the shops there were milkshakes

> 밀크셰이크 병에 들어가게 된 사연.

> 밀크셰이크 나라에서 멋진 시간을 보낸다.

She saw strawberry people, cats and dogs. There were strawberry houses too.
She had a lovely time in milkshake land. She drank lots of brightly coloured milk-shake in the milkshake shop, and rode in the cars

> 모험이 끝나고 밀크셰이크를 배달하는 자신의 일상으로 무사히 돌아온다.

made from milkshake. She met some strawberry people, and talked to them, but they spoke in strawberry language, and Marcia didn't understand it. Marcia had a lovely time, but then she realized that she had to go back and be normal again. So she returned to delivering milkshakes every morning.

그림 4-2 여덟 살 된 오마마의 책

저 첫 페이지에 글이 들어가고, 뒤이어 오는 두 펼침면의 왼쪽 페이지에 본문, 오른쪽 페이지에 그림이 오고, 마지막 페이지에 글이 들어가는 형식으로 되어 있다. 밀크셰이크 병 안에 마샤가 있는 첫 번째 일러스트는 마샤가 어떻게 거기 들어가 있는지 설명하는 맞은편 페이지의 글과 맞물려야 한다. 그러므로 이전 페이지에 쓰인 이야기는 이 부분을 설명하면서 글을 이끌어 가야 한다. 그래서 오마마는 다음 페이지의 주요 이야기에 들어가기 전에 마샤가 '밀크셰이크를 좋아하는 모든 아이들'에게 밀크셰이크를 배달한다는 내용을 설정하는 것으로 이야기를 시작한다. 다음에 나오는 본문인 일러스트의 양면은 이야기의 절정에 해당한다. 여기서 마샤는 밀크셰이크 나라에서 멋진 시간을 보낸다. 우리는 밀크셰이크 자동차를 타고 있는 마샤를 볼 수 있다. 본문이 실린 마지막 페이지인 다음 페이지에서는 모험이 끝나고(페이지의 위쪽 절반에서) 밀크셰이크를 배달하는 자신의 일상으로 무사히 돌아온다(마지막 문장). 이 마지막 페이지가 오마마의 계획대로 정확하게 들어맞은 것을 눈여겨보아야 한다.

확장된 책

아코디언 책의 매력 중 하나가 여분으로 잘라낸 조각을 이어 붙이면 얼마든지 길이를 늘일 수 있다는 점이다. 페이지가 정해진 글쓰기나 페이지 제한이 없는 책의 글쓰기 모두에서 기량이 중요하다. 자유와 제한은 모두 창조성에 필요한 항목이다. 교사가 어떤 방식을 이용할 것인가를 결정할 때는 접근이 쉬운 연구 과제, 참가한 학생들, 학습 목표를 기초로 삼아야 한다.

이야기와 책이 하나 되기

자신의 이야기 아이디어와 이것을 담기 위해 선택된 책의 형태가 조형적으로 결합되어 있다면 확실히 아이들에게 도움이 될 것이다. 이것을 하는 한

가지 방법은 만들어진 책 형태를 들고 학생들이 즉석에서 이야기를 꾸밀 때 페이지를 넘기면서 의논하는 것이다. 이 방법은 아이들이 지정된 페이지 어디에 자신이 만든 이야기를 실을지 확인하는 데 도움을 준다.

본문과 일러스트

일러스트를 본문에 맞추는 것이 그 반대 방법보다 더 쉽다. 그러니까 아이들이 이야기의 글을 어디에 넣을지 대충 아이디어를 가지고 있는 단계에서는 이것이 유용한 방식이다. 가장 단순한 구성은 글이 나오는 페이지와 일러스트가 나오는 페이지를 번갈아 배치하는 것이다. (2장에서 사례로 사용한 책들은 이 체계를 사용하고 있다.)

페이지의 절반은 글, 절반은 일러스트로 구성한 것(기본형 책 형태에서 연속적인 여섯 장면)은 더 까다로운 체계이다. 더 많은 장면에 대한 계획을 세워야 하고, 각 부분에 들어가는 글은 적어지면서 일러스트는 더 많이 그려야 하기 때문이다. (이런 체계는 3장에서 예로 들었다.)

4단계 _ 이야기 장면의 초고 쓰기

루시 컬킨스(1986)는 초안을 만드는 과정의 중요성을 강조한다. 글쓰기는 단순히 즉석에서 발표한 어떤 사람의 생각과 아이디어를 기록하는 것이 아니라는 것이다. 많은 개인적·사회적 의견들이 있고, 이것을 지도하는 과정에서 교사마다 아주 개인적인 방식을 선택한다. 그러나 책을 지향하는 방식으로 작업하는 것은 글쓰기 전략을 이행하는 방식에 영향을 미친다.

풋내기 작가들은 대개 책에다 바로 작업을 한다. 어떤 아이들은 본능적으로 '페이지 배열 방식'으로 사고할 것이다. 반면 어떤 아이들은 책을 만드는 경험을 통해 에피소드 방식으로 생각하는 법을 배운다. 본래 초고 쓰기는 출판물과 편집된 초고의 중간 단계에 있는 반쯤 완성된 집이라고 할 수 있다. 이 지점에서 학생들은 직접 책에다 연필로 글을 쓴다. 그런 다음 낱말이나 문장을 지우고 수정하는 방식으로 본문을 고친다. 물론 다른 학생들과 서로 영향을 주고, 공동 저작의 방식을 모색하며, 짝이나 모둠과 책을 공유하고 만들어 내는 것은 전체적인 과정에서 중요한 부분이다.

학생들의 기량과 자신감이 커지면 다른 사람들에게 발표하는 데 어떤 형태로든 언제라도 글쓰기를 준비할 수 있다. 교사들은 아이들이 처음 초고를 쓴 다음 다시 마지막으로 '발표된' 형태로, 한 이야기를 두 번 쓰려고 하지 않는다고 때로 주장한다. 그러나 도널드 그레이브즈(1983)는 발표된 형태로 무엇인가를 써본 학생들은 준비 단계에도 의미를 부여할 수 있다고 주장한다. 다른 사람과 공유하는 특성이 있고, 미적인 대상으로 사랑받는 책 형태의 매력은 그것이 초고 쓰기, 고쳐 쓰기, 발표하기의 근거가 되어 준다는 데 있다. 확장된 작품의 초고 쓰기를 너무 어렵게 느끼거나 책 만들기의 과정을 참지 못하는 아이들은 책에다 한꺼번에 각 에피소드의 초고를 쓰고 편집하며 옮겨 적을 수 있다. 한 페이지를 끝마치는 만족감이 책의 나머지 부분을 완성하는 데 자극이 될 수 있다.

스토리보드

3장은 대단히 규범적인 스토리보드가 책을 구성하는 데 어떻게 이용될 수 있는지, 그러나 간단하게 늘어선 상자들 역시 장면을 계획하는 데 효과적인 도움이 될 수 있다는 것을 보여 준다. 그림 4-3에 나오는 킬리의 이야기는 종이 한 장에다 그린 여섯 개의 빈 상자들로 만들었다. 이것은 처음에는 따로 소개되었다가 함께 여행을 떠나는 한 소년과 연이 맺은 관계에 대해 이야기한다. 이야기의 절정은 상자 5에 나온다. 소년이 연을 멀리 보내 주는 장면이다. 하지만 다음(마지막) 장면에서 소년이 연을 다시 갖게 되면서 결말지어진다.

책 만들기 계획표(그림 4-4 참조)를 이용하는 것도 아이들이 기본 줄거리에 에피소드를 만들고 그것을 일러스트와 연결하는 데 도움을 주는 방법이다. 칠판에 그린 책 페이지별 진행표(그림 4-5 참조)는 책 만들기 계획을 보강할 수 있는데 개인적인 스토리보드와 함께 사용된다.

스토리보드는 규칙적이거나 불규칙적인 모양과 다른 상자들을 이용하여 여러 가지 방식으로 디자인할 수 있다. 원이나 '폭발 모양' 같은 아이콘은 줄

그림 4-3 다섯 살 된 킬리의 연속적인 상자 그림

그림 4-4 칸이 비어 있는 책 만들기 계획표

거리의 진전을 암시할 때 사용한다. 스토리보드 변화의 특히 유용한 특징은 아이들이 전체 스토리 에피소드를 하나의 도표로 본다는 것이다.

그림 4-5 칠판에 그린 스토리보드 진행표

책의 '가제본'

책 형태의 물질적인 존재는 가끔 아이들이 글을 쓰도록 영감을 주고 자극한다. 본래 초고 쓰기는 학생들이 완성된 책의 본문을 준비할 수 있게 해주지만 더 많은 경험을 한 작가들에게는 초고가 완성된 책과 같은 형태로 만들어지지 않을 이유는 없다. 결국 이것은 전문적인 작가/일러스트레이터가 책에 대한 계획을 세우는 - 가제본을 완성된 작품과 똑같은 페이지 배열로 만드는 - 방법이다. 가제본도 품질 평가를 하는 기능을 한다. 학생들은 자신의 책을 완성하기 전에 전체적으로 평가할 수 있다.

템플릿

초고는 가능한 한 완성된 체계에 근접한 것이라야 한다. 종이의 한가운데에 그려진 직사각형의 템플릿 안에서 이루어지는 초고 쓰기와 편집하기에서는 공간을 남겨 가능한 일러스트를 스케치하고 의견이나 정정할 내용을 기록할 수 있다. 열 살 된 엘리샤는 그림 4-6에 나오는 초고에 이런 방법을 이용했

 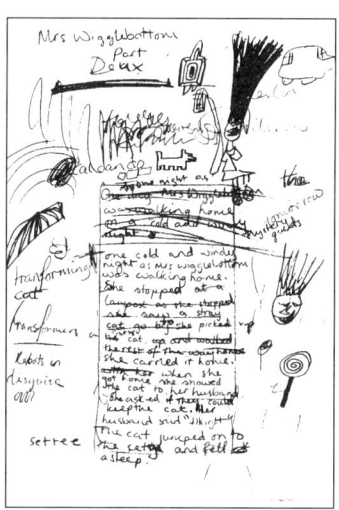 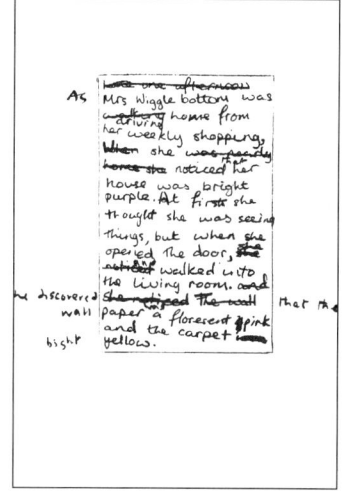

그림 4-6 엘리샤의 페이지 템플릿을 이용한 초고

다. 처음 두 페이지는 전개되는 이야기를 전쟁터처럼 정신없이 보여 준다. 그러나 줄거리에 근접해가면서 세 번째 초고에서는 여백에 끄적거린 낙서가 거의 없어진다.

각괄호

어떤 학생들은 전통적인 연습용 책에다 초고를 쓰고 싶어한다. 그런 다음 페이지가 바뀔 부분에 각괄호를 한다. 열 살 된 비키는 그림 4-7의 사례에서 이런 방법을 사용하고 있다. 이 방법은 얼마든지 페이지를 늘릴 수 있는 아코디언 책을 만들 때 특히 유용하다.

그림으로 된 참조 부호

이 방법을 사용할 때 작가들은 에피소드의 끝에 그림으로 된 마침표로 작고

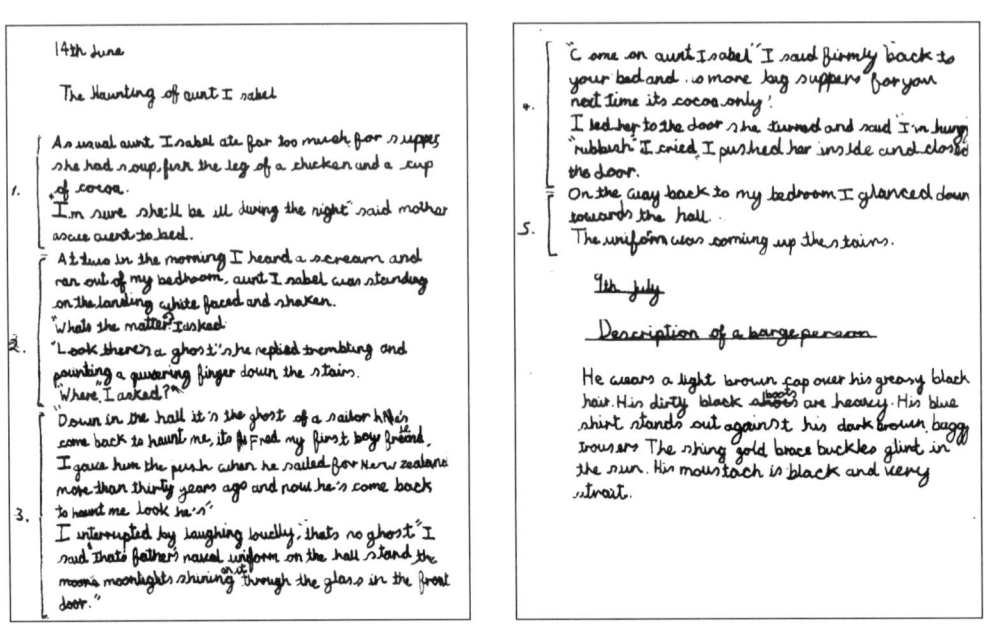

그림 4-7 각괄호는 어떤 글이 어느 페이지에 옮겨질 것인가를 지시한다.

선사 시대
어느 날 나는 걷고 있다가 구덩이에 빠졌다.
내가 선사 시대에 와 있는 것을 알았다. 주위를 둘러보다가 티라노사우루스를 봤다. 뭔가를 쫓는 것처럼 보였다. 그때 나는 그가 자기보다 더 작은 디노사우르를 쫓고 있음을 보았다. 조그만 디노사우르는 나에게로 달려오는데 점점 가까워졌다. 곧 티라노사우루스가 나를 짓밟으려고 했다. 재빨리 몸을 피했다. 그때 아무것도 볼 수 없었다.

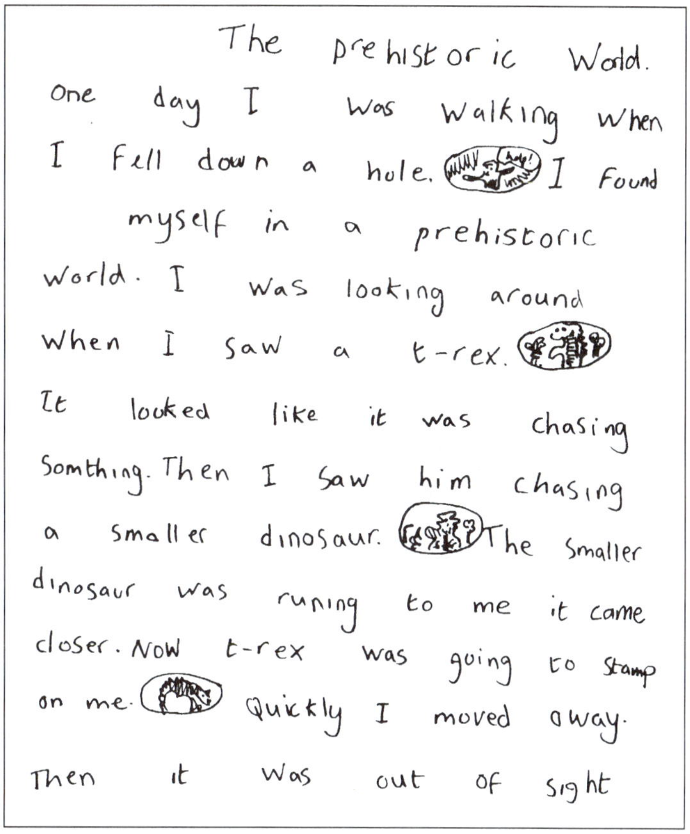

The prehistoric World.
One day I was walking when I fell down a hole. I found myself in a prehistoric world. I was looking around when I saw a t-rex. It looked like it was chasing somthing. Then I saw him chasing a smaller dinosaur. The smaller dinosaur was runing to me it came closer. Now t-rex was going to stamp on me. Quickly I moved away. Then it was out of sight

그림 4-8 작은 그림으로 된 참조 부호

간단한 스케치를 이용한다. 이런 미니어처는 외형적인 윤곽 – 에피소드의 중요한 요소 – 만 나타내 작가가 집중할 수 있도록 도와주고, 결국에는 작가가 책의 한 페이지, 한 페이지에 대한 계획을 세우는 데 도움을 준다. 여섯 살 된 안드레아는 그림 4-8에 나오는 초고에서 이 방법을 사용하고 있다.

컴퓨터 그래픽과 워드 프로세싱

컴퓨터 문서 작성 기능과 그래픽 프로그램을 이용해 쓰인 책들은 한 곳에서 초고를 쓰고 편집하며 발표하는 것이 가능하다. (선택적으로 편집이 끝난 것을 출력하면 그것을 책 형태로 자르고 제본할 수 있다.)

그러나 컴퓨터 그래픽 프로그램이 일러스트레이터에게는 상당히 놀라운 시각적 효과를 제공해 주지만 어린이 그림책 일러스트레이터들 가운데에는 이것을 이용하는 사람이 거의 없다. 컴퓨터 이미지는 극히 중요한 측면 – 실제로 페인트와 석묵을 이용하고, 붓·펜·가위를 사용하는 직접 만질 수 있고 정서적인 경험이라는 – 에서 수작업만 못하다. 변하지 않는 것도 있는 법이다.

일곱 살 된 래트리샤와 데이비드는 교사의 도움을 받아 그림 4-9의 일러스트를 컴퓨터 그래픽 프로그램을 이용해 만들고, 자신들이 쓴 초고를 컴퓨터로 작성했다. 「이집트 여행 The Trip to Egypt」(그림 4-10 참조) 이야기를 공동 제작한 본문은 컴퓨터로 조판되었다. 같은 본문을 작성한 아홉 살 된 작가들에게 이것을 세 부 출력하여 나누어 주고, 각자 나름대로 일러스트를 그릴 수 있었다. (두 책의 첫 페이지가 그림에 나와 있다.)

연재 만화식 방법

아이들은 광고나 만화에 나오는 말풍선을 좋아해서 자신들의 책에도 사용하

그림 4-9 컴퓨터를 이용한 페이지 레이아웃

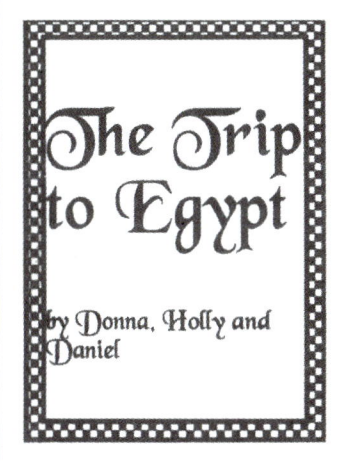 

이집트 여행

어느날 워커게이트 주니어 선생들은 아이들과 함께 이집트 여행을 가기로 했다. 여행비는 1인당 200파운드이다. 시간이 되어 그들은 길을 나섰다. 그들은 공항으로 가서 4시간이 걸려 목적지에 도착했다. 먼저 호텔로 가서 짐을 푼 다음 차를 마시다가 너무 피곤해서 잠자러 갔다. 다음 날 그들은 여행길에 올라 피라미드로 가서 보물을 발견했다. 그때 그들은 미라 이야기를 들었다.

그림 4-10 컴퓨터로 작업한 「이집트 여행」의 본문

고 싶어한다. 그림 4-11의 사례에서 존은 자기 이야기를 전부 말풍선에 담아 등장인물의 입을 통해 전달한다. 축구 지도자의 말과 달팽이의 소곤거리는 말이 재미있고 잘 어울린다. 두 등장인물 모두 자기 영역(축구 지도자는 위쪽 절반을, 달팽이는 아래쪽 절반을)이 있어서 그림과 말풍선을 확실하게 표현할 만큼 공간이 충분하다.

말하는 내용은 전통적으로 쓰인 대사의 구두점보다 말풍선을 통해서 더 직

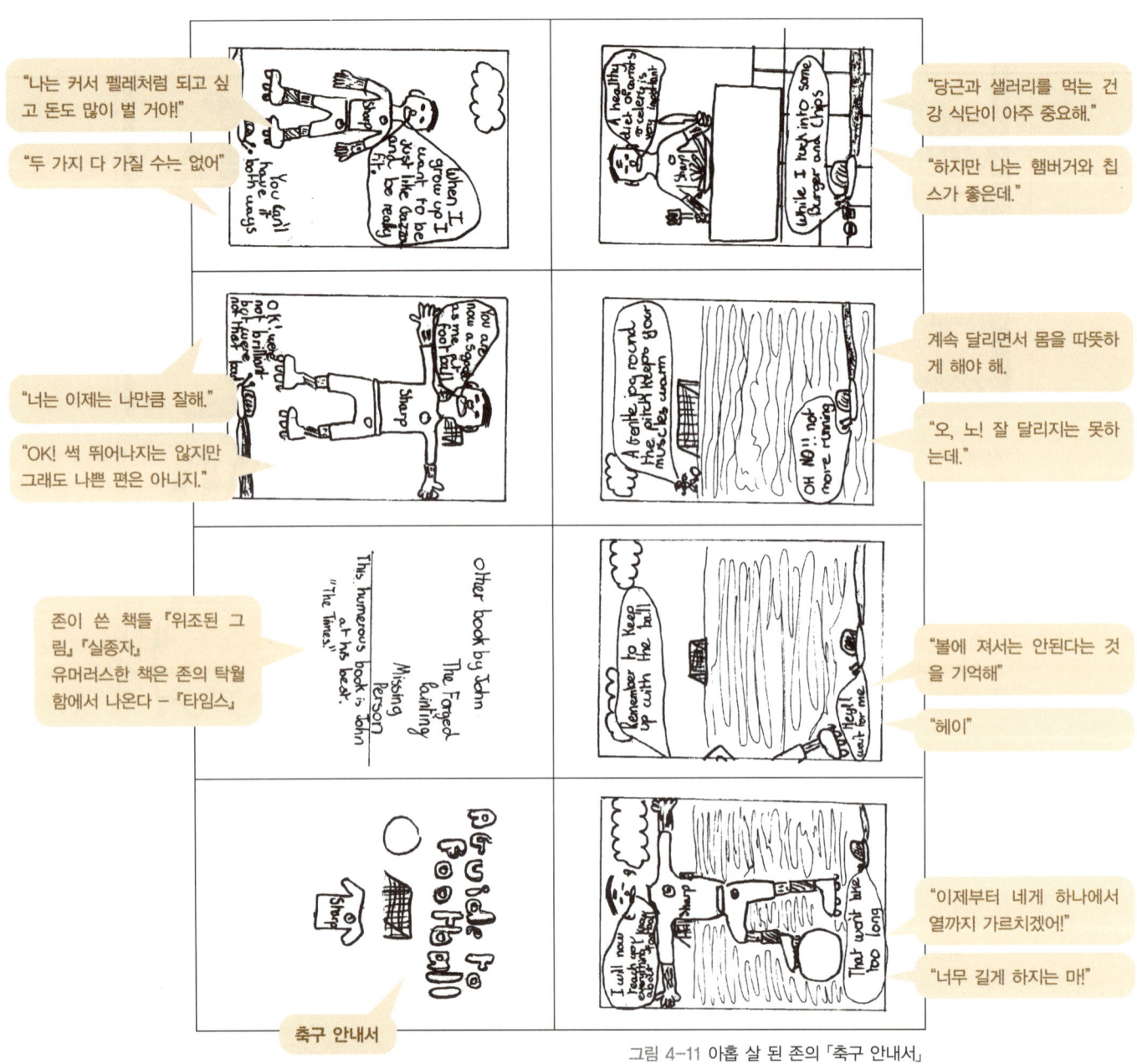

그림 4-11 아홉 살 된 존의 「축구 안내서」

접적으로 표현된다. 셰일라 레인(1984)은 만화에 등장하는 '생각하기 구름'과 말풍선이 아이들이 사회적으로 생각하는 데 도움을 줄 뿐 아니라 생각하기와 말하기 사이의 상호작용을 강조하고, 말로 하는 언어와 글로 쓰인 언어 사이의 관계를 강화한다고 말한다. 게리 라슨(1995)은 만화가 정지된 이미지에서 너무 멀어지게 하기 때문에 만화에 너무 긴 설명글이 따라오는 것은 위험하다고 말한다. 이것은 스토리보드 이야기나 글과 그림이 밀접하게 결합되어 있는 어떤 장르에도 해당되는 말이다. 눈은 글과 그림 사이를 왔다갔다 해야 한다.

시

아이들의 이야기책을 만드는 것에 관한 토론에는 언제나 글쓰기의 가장 세련된 형태인 시가 포함되어야 한다. 시와 일러스트가 책이라는 형태에서 함께 있어 온 것은 역사가 오래되었다. 우선 시나 일러스트 모두 시각적으로 미적 '대상'이다. 그리고 다음으로 글이 들어가는 자리가 작아지면서 일러스트를 그리기에 충분한 공간이 생긴다.

서사시와는 다르게 시는 짧아서 한 페이지 이상 넘지 않기 때문에 시를 신중하게 배치하여 직사각형 페이지 안에 앉힐 수 있다. 시를 쓰는 아이들은 페이지마다 이야기의 장면을 배열하지 않아도 된다. 대신 알뜰하고 정확하게 말을 사용해야 한다는 어려움이 있을 수 있다.

그림 4-12의 사례에서 베스는 선작업으로 이루어진 일러스트와 신중하게 선택한 많지 않은 글을 통합하기 위해 여러 가지 다른 디자인 형태를 사용했다.

5단계 _ 편집하기

말로 한 것을 듣고 편집하기

아주 어린 아이들은 말로 한 것을 가지고 편집한다. 우선 이야기 구상을 남들에게 큰 소리로 말하는 시간을 갖는다. 테이블에 둘러앉은 아이들은 "내

그림 4-12 아홉 살 된 베스의 「너에게 바치는 시」

책은 이런 이야기입니다"라고 자랑스럽게 지칠 줄 모르고 큰 소리로 이야기한다. 대화를 통해 아이들이 생각하는 내용이 명확해지고, 강조하는 부분이 바뀌기도 한다. 토론하고 생각하면서 아이들은 이야기 줄거리를 더 세련되게 말할 수 있게 된다. 그런 다음 교사에게 받아쓰게 하는 식으로 도움을 받든가 스스로 그리는 글쓰기나 아니면 글은 없고 그림만으로 표현하는 방식으로 책에다 이야기 내용을 기록한다.

자신이 직접 하는 편집

아이들이 본문 초고를 쓰고 있다면 당연히 아이들이 편집할 준비가 되어 있다는 것을 의미한다. 작가들은 글쓰기에 전념하다 보면 자기도 모르는 사이에 문법이나 철자가 틀리는 경우가 많다. 전체 이야기나 에피소드를 읽으면서 아이들은 창작 과정에서 평가 과정으로 전환한다. 아이들은 자신이 만든 흥미진진한 이야기에 의심을 품으면서 구조적인 점들을 검토해야 한다(예를 들어 철자도 살펴보고, 아이들이 많이 틀리는 인용부호 같은 것들을 적절하게 사용했는지 살펴봐야 한다). 아이들은 문장 하나가 이유도 없이 '잘못되어 있는' 것을 자주 발견한다. 초고 쓰기와 편집 단계, 작문(예를 들어 반복 피하기), 제시물 만들기를 거치는 동안 정기적인 강습회를 가지면 학생들이 자신의 능력을 평가하는 데 도움을 줄 수 있다.

함께 편집하기

글쓰기 능력의 중요한 진전은 학생들이 자기 짝꿍에게 완성된 이야기의 한 부분을 읽어 주고, 어떻게 고쳤으면 좋은지 물어보는 과정에서 이루어진다. 많이 경험한 편집 파트너들은 상대방의 작품을 읽고 평가해 준다. 편집하면서 비평 능력을 키우는 것은 창조적이고, 유려하게 글을 쓰는 능력을 키우는 것만큼이나 중요하다. 능력이 조금 떨어지는 학생과 능력이 더 뛰어난 학생을 짝지워 주면 확실히 능력이 떨어지는 학생은 발전적인 충고를 들을 수 있고, 능력이 뛰어난 학생은 날카로운 비판 능력을 키울 수 있다.

물론 아이들 모두가 똑같이 편집 실습을 통해 뭔가를 얻는다는 건 어려운 일이다. 모둠 만들기는 다양한 구성원으로 이루어져야 한다. 그래야 학생들 모두가 지금 자신에게 필요한 도움이나 경험을 공평하게 얻을 수 있다.
편집자가 자신들이 읽고 있는 이야기에 관해 제기해야 할 몇 가지 질문은 다음과 같다.

* 주인공이 흥미있는 인물인가?
* 각 페이지의 글쓰기가 명확한가?
* 이야기의 시작 부분을 보고 다음 페이지를 넘겨서 읽고 싶은 생각이 드는가?
* 이야기의 중간 부분이 생생하게 표현되어 있는가?
* 결말이 만족스럽고 재미있는가?
* 이야기가 전체적으로 변화가 많고, 재미있는가?

초고를 쓰고, 편집을 하며 수정하는 것에 관한 연구법들, '편집장'으로서 교사의 역할에 관한 입문서들, 아이들의 이야기에 슬그머니 들어가 있는 도덕적인 문제, 성차별·인종 차별·노인 차별을 이야기해야 한다는 등의 논쟁이 필요한 문제들에 대한 연구서들이 많이 나와 있다.
손으로 글쓰기 교수법에 관한 방법도 여러 가지가 있어서 학교는 저마다 그에 관한 자기들만의 방법을 가질 것이다. 어떤 교사들은 아래와 같은 단계에서 손으로 글쓰기가 어렵다고 생각한다. 자신들의 글쓰기를 느껴야 하는 아이들은 그저 스케치하는 수준이기 때문이다. 이런 아이들은 자연스럽게 글을 쓸 때까지 그냥 두어야 하고, 글을 명확하게 읽을 수 있는 능력에 관해서는 걱정하지 않도록 해야 한다고 그들은 주장한다. 학생의 창조적인 상상력을 키워 주는 것이 우선이라고 생각하는 교사들은 초고를 쓰는 단계에서 문법, 철자, 구두점을 바로잡아 주려고 하지 않는다. 오로지 이야기가 얼마나 좋은가 하는 점이 중요하고 수정은 편집 단계에서 할 수 있기 때문이다.
(확실히 수줍음이 많거나 의사소통이 원활하지 못한 아이들은 이 단계에서 특별한 도움이 필요하다. 학습 장애가 있는 아이들에게 특별한 도움을 주는 것과 같다. 그림 4-13은 특별한 도움이 필요한 학생인 파멜라가 만든 책의 펼침면이다. 파멜라는 책 형태를 갖추어 글쓰기에 앞서 이야기를 만들 때 한 부분 한 부분 담임교사와 의논했다. 교사는 이 과정을 "이야기를 말로 세련되게 하는" 과정이라고 표현했다. 이 책은 파멜라의 발달 과정에서 체험한 획기적인 사건이었다.)

초고 쓰기가 더 사적인 일인 반면 편집은 더 공적인 경향을 띤다. 여전히 진부한 이야기를 자신 있게 써내는 학생들에게는 생각을 전혀 하지 않는 학생들과 똑같은 도움을 주어야 한다. 두 경우의 학생들 모두 이야기가 마음을 두들겨 주는 경이로운 순간을 기다리고 있는 것이다. 교사가 이 학생의 경우

어제는 토요일이어서 모두들 쇼핑하러 갔다.

그들은 작은 가게로 갔다. 가게에서 우유를 팔았다. 그들은 매직하우스로 갔다. 매직하우스 안은 어두웠다.

그림 4-13 파멜라의 이야기에 실린 펼침면

이야기 구성이 성공적으로 이루어졌고, 구조적인 부분에서 특별한 잘못이 없이 매끄럽다고 교사가 만족스러워하는 편집의 마지막 단계에서는 책을 만든 아이나 교사 모두가 정말로 만족스러워할 수 있어야 한다.

6단계 _ 페이지 디자인하기

이제 책 만들기로 돌아가 보자(그것이 단순한 조작에 불과하다고 해도 말이다). 아이들은 이제 책을 책상 앞에 가져다 놓고 마지막 편집된 초고를 그 뒤에 놓는다. 준비하는 동안 의논하거나 계획을 세운 페이지 디자인 전략을 이제 편집을 끝낸 책에 적용해야 한다. 페이지 템플릿을 그리고, 본문과 일러스트도 정해진 자리에 넣는다.

말로 구상한 이야기와 함께 상상을 통해 마음속 그림도 그린다. 그러나 상상한 것을 그림으로 표현하는 것은 상상한 것을 글로 표현하는 것보다 훨씬 어렵다. 본문을 만드는 과정은 일러스트를 만드는 과정에 필요한 것과는 전혀 다른 기량을 필요로 한다. 어떤 아이들은 이야기를 글로 쓰기 전에 이야기에 나오는 장면을 그림으로 그리는 강력한 추진력을 보일 것이다. 특히 연령이 높은 아이들 중에 많은데, 그림을 그리는 것에 더 신중한 아이들은 거부감을 갖는다. 이런 경우 아이들이 그린 그림에 대하여 특별히 격려해 주어야 한다. 아이들 대부분이 날짜순으로 페이지에 글을 쓰고 그림을 그리고 싶어하는 것 같다. 북아트 프로젝트는 모든 작업 형태를 포함하는 융통성이 있어야 한다.

7단계 _ 본문 옮겨 쓰기

완성된 책을 머리에 그리며 본문의 초고를 썼다면 글은 구성된 페이지에 무리 없이 들어맞을 것이다. 이 단계에서 얼마나 수정해야 하는지는 교사들마다 관점이 다르다. 어떤 교사들, 특히 낮은 연령대의 아이들을 가르치는 교사들은 아이들에게 연필로 글을 쓰게 한다. 또 어떤 교사들은 특별한 보상으로 잉크를 사용하게 한다. (먼저 연필로 글을 쓴 다음, 잉크로 쓰기 전에 마지막으로 수정하겠느냐고 학생들에게 물어볼 수 있다. 하지만 그것은 내키지 않는 일이다. 잉크로 쓰게 한 다음 잘못된 부분은 수정액으로 고치는 것이 더 낫다.)
어떤 경우라도 글이 들어간 책의 페이지가 미적 대상으로 보인다면 아이들은 책을 만들었다는 것에 대해 자부심과 기쁨을 경험할 것이다.

8단계 _ 일러스트 그리기

일러스트레이터는 그림을 그릴 이야기가 있기 때문에 존재한다. 데이비드 블랜드(1958)는 작가가 일러스트레이터에게 의존하는 것보다 일러스트레이터가 작가에게 훨씬 더 의존한다고 주장한다. 최근에 참석한 세미나에서 만난 어느 전문적인 작가와 일러스트레이터는 대강의 이야기를 기초로 해 일러스트를 그리고 나면 그 일러스트가 아이디어를 떠오르게 해서 이야기가 변한다고 말했다. 하지만 그렇다고 해도 정말 중요한 것은 이야기라고 했다. 아이들이 바로 이런 상황에 있다. 아이들은 자신들이 만든 이야기의 어떤 부분이 최고의 그림이 될지 결정해야 한다. 움직임은 시각적으로 잘 옮겨진다. 그러므로 아이들이 움직이는 사람을 그리는 방법을 배우는 것(5장 참조)이 무척 중요하다. 하지만 정지된 그림이 아주 효과적일 수도 있다. 예를 들어 방안을 그린 라이사의 일러스트(101페이지)는 색깔과 형태에서 눈길을 끈다. 그리고 골동품 가게의 바깥을 그린 에드워드의 그림(142페이지)은 디자인이 복잡해서 우리 마음을 사로잡는다.
중요한 것은 다양성이다. 어린 일러스트레이터들이 부딪히는 문제 중 하나는 같은 인물을 반복적으로 나오지 않게 하면서 어떻게 다시 그리느냐는 것이다.

일곱 살 된 제이미는 자신이 만든 「탐험가」(그림 4-14 참조)에서 등장인물을 시시각각 다르게 그리고 있다. 처음 나오는 페이지 전체 일러스트는 페이지의 가운데에서 비켜선 자리에서 걸어가는 옆모습을 보여 준다. 이것이 우리에게는 다음 페이지를 향해 가는 것처럼 보인다. 반은 본문이 반은 일러스트가 들어가는 페이지에서 제이미는 작은 공간에 재규어와 탐험가를 모두 그려 넣어야 했다. 제이미가 생각해 낸 방법은 하단에 탐험가의 머리를 그려 넣고 남은 수평의 공간을 모두 재규어에게 할애하는 것이었다. 다음 페이지에서 텔레비전을 보고 있는 탐험가의 뒷모습을 그리고 있다. 그 다음 페이지에서는 탐험가가 재규어의 등에 올라타고 있고, 마지막 일러스트는 재규어와 탐험가가 소풍을 가서 비스듬히 앉아 있다.

제이미는 그림을 둘러싼 이야기도 깔끔하게 엮어 냈다. 페이지마다 디자인이 다르다. 일러스트가 들어간 공간을 최대한 활용하고 있다. 전체에 일러스트가 들어간 페이지의 상단에 나뭇가지에 웅크리고 있는 재규어의 모습이 나온다. 나중에 재규어의 등에 올라탄 탐험가의 그림은 탐험가의 왼쪽에 있는 나무와 오른쪽 나뭇가지에 앉아 있는 새가 균형을 이룬다. 마지막 그림에서 대각선으로 깔린 식탁보는 앞에 나오는 일러스트들의 수직과 수평 구조와 대조적이다.

좋은 이야기에는 연관과 긴장이 필요하다. 그래서 두 번째나 세 번째 일러스트에 나오는 주인공은 대개 또 다른 등장인물이나 물체, 임무, 상황에 부딪치게 된다. 글과 짝을 이루는 일러스트는 한 장면, 한 장면 전개된다. 이 장면들을 활기 있고 생생하게 만들기 위해 일러스트레이터는 구성을 다양하게 한다. 공간을 활용하여, 인물들을 전면으로(우리에게 더 가깝게) 혹은 뒤로(우리에게서 더 멀어지게) 이동하거나, 보는 사람이 장면을 내려다보거나 올려다보는 효과가 나도록 수평선을 위로 올리거나 낮춤으로써(7장 참조) 다양성을

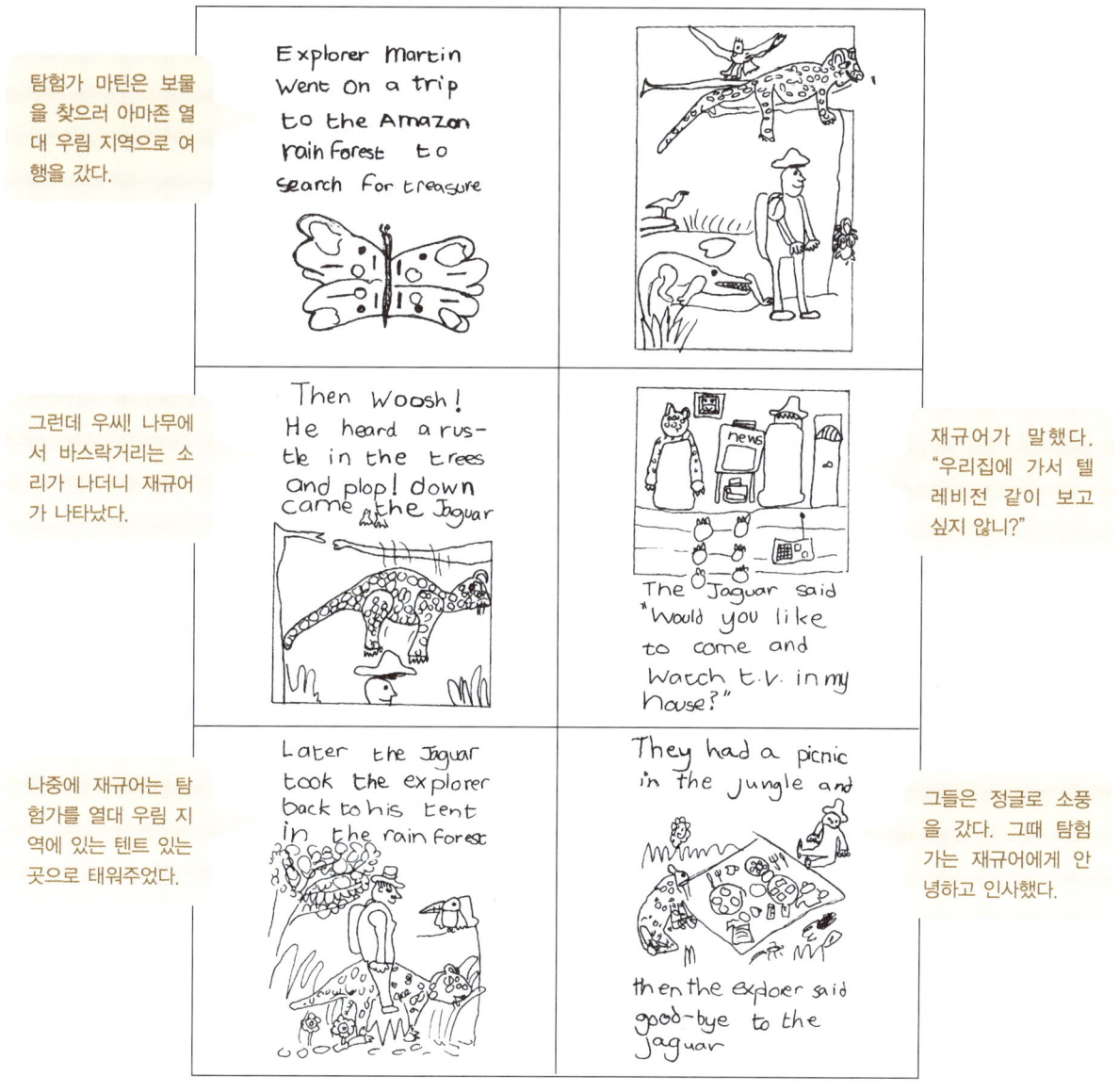

그림 4-14 제이미의 「탐험가」 이야기

꾀할 수 있다. 또 환경적으로 장소(거리 장면, 개울이 흐르는 길), 날씨(비, 안개), 계절(낙엽, 눈), 하루 중 어느 시간이냐(한낮, 해질녘, 밤)에 변화를 줌으로써 다양성을 꾀할 수 있다.

여섯 살 된 라이사의 이야기(그림 4-15 참조)는 산책을 나갔다가 개가 사는 집을 발견하게 된 고양이에 관한 것이다. 거기 살고 있는 개는 고양이를 들어오게 해 집구경하도록 안내해 주고, 차를 함께 마시자고 한다. 고양이는 떠나면서 다시 오겠다고 약속한다.

라이사는 이야기 글을 책에 바로 썼다. 하지만 써 내려가는 과정에서 내용이 바뀌었다. 시작과 끝에 본문만 들어간 한 페이지씩이 있는 것 외에 본문과 일러스트가 나란히 있는 펼침면이 두 장 있다. 이야기 내용에 관해 말할 때 라이사는 집 안에 있는 물건들의 목록 — 쿠션, 의자, 깔개, 텔레비전, 장난감 고양이, 찬장 — 을 차례로 이야기했다. 그렇게 한 것이 두 번째 페이지에서 방을 묘사하는 내용을 글로 쓰고, 그에 알맞은 일러스트를 그릴 때 도움이 되었다. 처음에 라이사는 개를 하단에 그렸다가 나중에 교사와 공간의 관계에 관한 이야기를 나눈 다음 그림의 아랫부분에 쿠션과 깔개를 그리고, 개는 가운데에, 장난감 고양이가 들어 있는 찬장은 위에 그렸다. 라이사는 새로운 단계에서 일러스트레이터로서의 재능을 발휘한 것이다.

그림이나 줄거리를 '계획한다'는 관념적인 기량은 아이들에게는 어려운 부분이다. 아이들은 이야기의 윤곽을 잡는다거나 그림을 스케치하는 것이 아주 어려운 일이라고 생각한다. 고양이와 개가 함께 차를 마시는 장면을 보여 주는 라이사의 두 번째 일러스트에서 라이사는 그림을 세 부분 — 전경에는 깔개, 중경에는 테이블, 원경에는 방의 뒷벽 — 으로 나누었다. 교사의 도움을 따로 받지는 않았다. 여기에는 빅터 왓슨(1992)이 '마법의 공간'이라고 표현한 글쓰기와 일러스트의 측면에서 공간 감각이 엿보인다. 우리는 펼침면 속으로 빨려 들어가 잠시 이 어린아이가 만들어 낸 상상의 세계에서 사는 듯한 느낌을 받는다.

일러스트와 이 일러스트가 아이의 인식에서 작용하는 부분을 제외하고 어린이 책을 생각하는 것은 불가능하다. 주디스 그레이엄(1990)은 일러스트가 동햇빛이 나는 어느 날 아침에 프리스키는 산책하러 갔다가 개집을 보았다. 그녀는 그게 개집인 줄 몰랐다.

One sunny morning Frisky went out for a walk and she saw a dogs kennel. She did not know that it was a dogs kennel.

So she looked in it and she was amazed to see a beautiful house She saw a lovely cushion, a tv, brightly coloured carpet and a toy cat too. The dog was watching a cat and a dog racing on tv.

그래서 안을 들여다보다가 집이 아름다워서 깜짝 놀랐다. 그녀는 사랑스런 쿠션, 텔레비전, 훌륭한 색깔로 짜인 카펫, 그리고 장난감 고양이를 보았다. 주인집 개는 TV에서 개와 고양이가 달리는 것을 보고 있었다.

Then the cat went in the house. Then the dog said hello shall I show you round my house? So the cat went with the dog to see the whole house. After that they had tea.

Then the dog said, Why don't you stay with me? No I can't. Miss Smith will be worried. I still will come and see you next time I'm passing. They became great friends.

그리고 고양이는 집 안으로 들어갔다. 집주인 개가 자기 집을 구경시켜 주겠노라고 말했다. 그래서 고양이는 개의 안내를 받으며 집을 두루 구경했다. 그리고 나서 차를 한 잔씩 마셨다.

그때 집주인 개가 말했다. 왜 자신과 함께 머물지 않느냐고. 아니, 그럴 수 없다. 스미스 양이 걱정할 것이다. 나중에 당신을 보러 오겠다고 대답했다. 그들은 훌륭한 친구가 되었다.

그림 4-15 라이사의 「프리스키와 개」 이야기

반하는 이야기 에피소드의 어떤 측면에 주목하고, 화면의 공간적 복잡성을 통해 시각적 의미의 세계를 밝히면서 일러스트의 역할을 설명하고 있다. 회화적 형상은 공간 탐구하는 데까지 열려 있다. 보는 사람은 방안에 있는 것을 살펴보고, 등장인물이 입고 있는 것을 바라본다.

하지만 이야기에서 꺼낸 정지된 장면을 만들어 내는 것 이상으로 일러스트레이터는 실제로 쓴 이야기는 아니지만 마음속으로 상상한 이야기를 말할 수 있다. 한 장면에 들어 있는 이 시각적 이야기 언어를 인식하고 사용할 수 있도록 아이들을 가르쳐야 한다. 회화적 구성에 '장르'가 있는 것처럼 그림 그리기에도 '문법'이 있다. 색연필로 그린 그림은 콜라주하고는 다르게 상상의 산물을 이야기한다. 수채화 물감으로 그린 간단한 바깥 풍경이 펜으로 아주 세심하게 내부를 그린 그림만큼 인상적일 수 있다.

대부분의 일러스트레이터들은 전체적으로 색을 사용한다. 그러나 선 작업은 그것만의 독특한 아름다움과 의미가 있다. 실용적인 관점에서 물감이나 크레용을 바꿔 사용해야 하는 번거로움 없이 펜으로만 작품을 만드는 것은 손이 자유로워 연속적인 표현을 할 수 있다. 선 그림은 고도의 기술이 필요한 예술이다. 색깔 사용을 배우는 것이 일러스트레이터에게 반드시 필요한 기술이기는 하지만 데생 기술은 일러스트의 기능에서 핵심적인 부분이다. 이 책에 실린 작품들은 대부분 컬러 일러스트를 흑백으로 재현한 것인데 그렇게 했을 때 그림을 더 확실하게 볼 수 있다. 그러니까 대부분의 그림은 실제의 혹은 가상의 선에 의존하고 있다.

이야기를 시각화하는 것은 에피소드의 어떤 부분을 묘사하고, 그림에 누구를 넣을지, 무엇을 넣을지 결정하는 것, 그것들을 어떤 식으로 그리고 어떤 위치에 놓을지 결정하는 것은 작가에게 반드시 필요한 능력이다. 이런 일을 하도록 아이들에게 가르치는 것은 아이들에게 글쓰기를 가르치는 것만큼이나 복잡하다.

9단계 _ 표지 디자인하기

책을 완성하려면 포장지인 표지를 붙여야 한다. 여기서 디자인하는 문제는 책의 내부를 꾸미는 것과는 아주 다르다. 앞표지에는 글이 아주 적게 들어간다. 마음을 끌 만한 제목과 저자의 이름이면 충분하다. 이것은 손으로 쓴 글씨보다는 레터링이 훨씬 더 좋아 보인다.

표지 디자인의 구성에는 여러 가지가 있지만 가장 일반적인 것은 상단에 제목, 가운데에 책의 특색을 드러내는 일러스트, 하단에 작가의 이름이 들어가는 형태이다. 뒤표지에는 신중하게 선택한 '작가에 관한' 짧은 글, 책의 개요, 출판사의 광고 문구, 출판사의 로고, '가격', 바코드가 들어간다.

그림 4-16은 다섯 살에서 열 살까지 다양한 연령대의 아이들이 만든 몇 가지 전형적인 표지들을 보여 준다.

10단계 _ 출판, 배포, 연속물 개발하기

표지까지 완성되면 책은 이제 언제라도 출판하면 된다. 그러니까 예정된 독자들에게 배포할 준비가 끝났다는 말이다. 곧바로 자신의 편집 파트너와 책을 나누어 가지는 것은 기분 좋은 개인적인 교섭이다. 자신의 책을 다른 사람에게 보여 주는 이 시간이 대단한 위안을 가져다준다. 학생들은 긴 과정이라고 할 수 있는 것의 결과물에 대해 당연히 자부심을 느낀다. 이 시간에만 가질 수 있는 귀중한 활동이 있다. 아이들이 동료 학생의 책에 서평을 쓸 수 있는 것이다. 최종적으로 이 책들은 학급 문고가 되거나 학교 도서관에 비치되거나 '특별 컬렉션'이 되는 영광을 누릴 수도 있다.

여러 권 인쇄해서 배포하는 것도 가능한 일이다. 이런 기본형 책들은 쉽게 펼쳐서 복사할 수 있다. 이때 복사된 종이들은 원본과 똑같은 형태로 접을

비글레와글레 아줌마
엘리샤 페레리오

젤리 씨와 그의 고양이
제인 하퍼

모자 가게
레이첼 그린

탐험가
제이미 포크너

그림 4-16 학생들이 디자인한 책 표지

수 있다.

교사들은 학습하는 데 동기를 부여하고, 자발적으로 참여하기를 바란다. 학생들이 책 한 권을 끝낼 때 다음 책의 대략적인 내용이 이미 아이들 머리에 그려져 있다. 그것이 같은 등장인물이 다시 나오는 속편일 수도 있고, 완전히 다른 것일 수도 있다. 어쨌든 아마도 최근에 읽은 이야기나 자신이 직접 겪은 사건에서 영감을 받은 아이디어일 것이다.

이따금은 몸에 밴 글쓰기 방향에서 벗어나 새로운 방향으로 머리를 돌려 보고, 다른 글쓰기 경험과 새로운 도전에 빠져 보는 것도 중요한 일이다. 그러니까 이야기책에 이어 다음 책으로 역사나 생태학을 주제로 하는 프로젝트북을 만들 수도 있고, 팝업이나 움직일 수 있는 부분이 있는 책, 혹은 학급 신문을 만들 수도 있다.

 아이들의 시각적 감수성이 발달되지 않을 때 아이들은 한 순간
한 가지 물체에 초점을 맞추고, 공간에 둘러싸인 완전히 분리된 대상들을
그리는 경향이 있다. 미술은 아이들이 세계를 크게 펼쳐진 방식으로
인식하도록 도와준다. 그래서 아이들은 서로의 관계에 관한 인식의
다양성에 적응하기 시작한다.

– 롭 반스

5
이야기의 등장인물 그리기

사람과 동물을 그리는 일은 건물같이 무생물인 물체를 그리는 것보다 훨씬 더 어렵다. 눈은 움직임의 순간을 절대로 놓치지 않고 정지된 것으로 포착하여 주의 깊게 관찰한다. 아이들은 정지되어 있는 상태이건 움직이는 상태이건 몸의 모양을 표현하는 데 단순화하는 기법을 사용한다.

어린아이들이 보기에 사물은 객관적으로 존재하는 어떤 것이라기보다는 자신들이 보고, 냄새 맡고, 움직이게 하고, 느끼는 대로의 바로 그것이라고 생각한다. 그러므로 어린아이가 단순한 선과 원과 타원의 형태로 자신을 표현할 때 그것은 이런 방식으로 자신을 보고 있을 뿐만 아니라 이런 형태가 아이의 욕구를 충족시켜 준다는 것을 의미한다. 아이의 그림에 나오는 어떤 나무의 초록색은 나무들의 '푸르름'을 나타낸 것이다.

이것은 모방이 아니라 창조이고, 사용할 수 있는 재료의 한계 안에서 모양의 적절한 특징을 표현하는 형태나 색깔의 발견이다. 때로는 이런 형상에 윤곽이라는 이름을 붙인다. 하지만 이것을 모양의 일종으로 보지 않고, 항상 자라나고 변화하는 유기적인 물체로 보아야 한다. (물론 그림에 나오는 인물과 그것이 있는 배경을 따로 떼어서 생각하는 것은 불가능하다. 하지만 연구 목적을 염두에 두고 그림을 그리는 사람에 주목해야 한다.)

휘갈기기

아이가 처음 휘갈긴 낙서(그림 5-1 참조)는 움직이고자 하는 표현 욕구 – 즐거운 동적 활동의 형태 – 에서 생겨난다. 그러나 정신적 특성은 이런 초기 단계의 표시와 속도와 리듬을 만들어 내는 데 이용된 몇 번의 손놀림에 나타나 있다. [하스트, 우드워드, 버크(1984)는 이런 특성이 나중에도 그리기와 손으로 쓰기 두 가지 면에서 아이의 기량이 발전된 개인적인 스타일에서도 분명하게 있다고 생각한다.] 그 표시들도 물체나 움직임, 사물의 크기와 빠름의 고유한 속성을 모방한다.

미술을 어렵게 만드는 것은 어떤 광경을 온전한 형태로 보고 그것을 1차원으로 표현해야 한다는 점에 있다. 아이들은 그림을 그릴 때 계속해서 이미 그려진 것을 참조해야 한다. 예를 들어 몸의 형태를 그려야 팔다리 같은 부가적인 부분들을 한 덩어리로 덧붙일 수 있다.

그림 5-1 아이의 첫 휘갈기기 사례

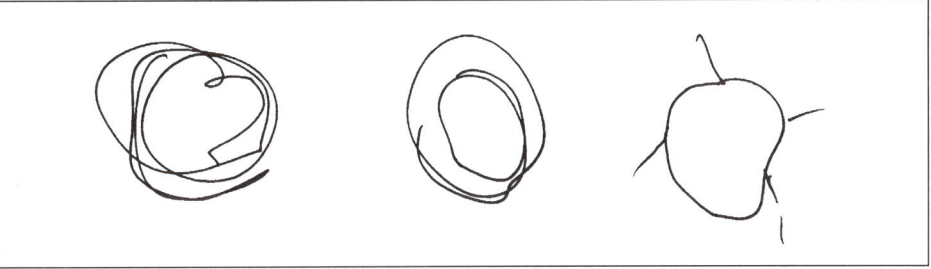

그림 5-2 아이의 그림에 원이 나타남

원

원은 마구 휘갈기는 형태에서 처음 나오는 모양이다(그림 5-2 참조). 이것은 기하학적인 모양을 표현했다기보다는 수학적인 구조라고 할 수 있는데 사물의 경계와 관련 있다. 여러 모양들을 분간할 수 있을 때까지 모든 모양의 전체를 의미한다. 원형이 사람을 나타내는 데 사용될 때 그것이 무엇을 표현하는지에 관해 여러 가지 견해들이 있다. 몸통을 가리킬까? 아니면 머리만 표현한 것일까? 심리학자들은 이 '최초의 원'을 두고 여러 가지로 해석한다. 그리고 이것이 아이들의 회화적 형상에서 나타나는 보편적인 특징인 것 같다.

원형에 덧그리기

아이가 자라면서 불완전한 원은 더 복잡한 형태를 이루는 부분이 된다. 예를 들어 원에서 퍼져 나가는 선을 공들여 그린 것이 태양이 되고, 손목에 달린 손가락이 되고, 몸에 붙은 팔다리가 되고, 나무줄기에서 뻗어 나온 가지가 된다. 아이들이 원을 토대 삼아 자신들 그림의 레퍼토리를 쌓아 올린다. (이런 모양을 발전시켜 나가는 재능은 아이들이 원하는 자리에 기호를 표시할 수 있는 근육 운동 조절 능력을 가지느냐에 달려 있다.)

인물

그리기가 발전하면 분리된 상징적 모양은 종이나 페이지의 가장자리가 경계

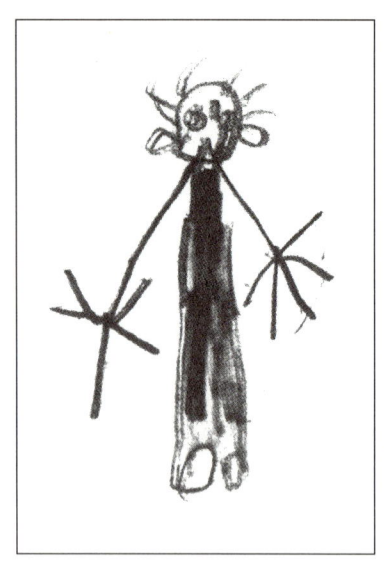

그림 5-3 네 살 된 우머가 그린 인물

그림 5-4 여섯 살 된 마이클의 그림에 나타난 수직선, 수평선, 직각

를 이루는 공간 환경에서 인물로 나타난다(그림 5-3 참조). 아이들 그림 속에 나타난 대부분의 형상들은 바탕에 수직으로 배치되어 있다. 그러나 아이들

그림 5-5 사선으로 그린 다리는 걸어가는 움직임을 표현한다.

은 자신들의 그림이 움직임과 행동을 보이도록 고쳐야 한다는 것을 쉽게 받아들일 줄 안다.

수직선과 수평선

직선은 시각적으로 모든 선들 중에서 가장 단순하지만 실제로는 가장 그리기 어렵다. 이것은 길게 연장된 모든 형태를 그리는 데 필요할 만큼 움직임을 가장 기본적으로 표현한다.

아이들은 사람과 나무, 인물의 팔다리가 곧추선 모양 같은 기본적인 개념을 표현하는 데 수직선과 수평선을 사용한다. 직각 — 수직선과 수평선의 만남—은 모든 각을 이루는 관계를 나타내는 데 사용된다(그림 5-4 참조).

다음 단계로 발전하면 움직이지 않는 것과 움직이는 모양의 차이를 표시하는 데 사선을 이용한다(그림 5-5와 5-6 참조).

중요한 것은 아이들이 준비되어 있는 것보다 더 높은 수준으로 끌어올리기 위해 아이들을 몰아쳐서 아이들의 인지적 발달을 저해하지 않는 것이다. 발

이야기의 등장인물 그리기 · 111

나는 서핑을 좋아한다고 브릴리언 브라이언이 말했다. 자신이 가장 뛰어나다고 브릴리언 브라이언이 말했다.

이 사람이 가장 잘 한다.

브릴리언 브라이언은 물 속에서 나왔다. 물에 빠져서 흠뻑 젖었다.

지금 나는 흠뻑 젖어 있다.

그림 5-6 사선으로 그린 팔다리는 서핑하는 인체의 움직임을 연상시킨다.

달은 점진적으로 이루어진다. 머지않아 아이들의 그림은 처음에는 분리된 모양에서 나중에는 이 모양에 선을 덧붙이는 것으로, 그리고 거침없이 연속적인 선을 사용하는 것으로 변해 간다.

크기

아이들이 작은 물체를 크게 그릴 때 그 물체에 대한 애착이 강하기 때문이라고 추측하는 것은 맞는 것 같다. 그러나 아이들이 모양들 사이의 시각적 관계를 세우려고 노력하는 과정에 있다는 해석도 그와 똑같이 근거가 있다. 어린아이들은 곧잘 손을 몸통만큼 크게 그리는데 그럴 때 아이들은 손이 더 뚜렷하게 보이기 때문에 그러는 것 같다. 세라가 고슴도치를 아빠와 같은 크기로 그린 것도 그런 이유일 것이다(그림 5-7 참조).

옆모습과 결합된 모습

비스듬히 보이는 사람을 그릴 때, 아이들은 어떤 부분을 보이게 하고 어떤

그림 5-7 다섯 살 된 세라가 그린 「아빠가 정원에서 고슴도치를 발견했어요」

부분을 보이지 않게 할지 그림으로 그리는 데 어려움을 겪는다. 아이들은 때로 옆모습을 그림으로써 이 문제를 해결한다(그림 5-8 참조). 아니면 앞모습과 옆모습을 결합하기도 한다. (고대 이집트인들도 그림의 목적에 가장 적합한 – 예를 들어 사람 가슴은 앞면, 머리는 옆면, 또 눈은 정면을 향하게 하는 – 물체의 부분을 선택했다.) 그림 5-9에 나오는 일러스트에서 마이클은 고양이의 몸통과 다리는 측면, 머리는 정면, 코는 측면으로 그렸다. 시각적으로 '정확하지' 않다고는 하지만 그에 관계없이 이것은 물체의 모양을 옮겨 전하는 재치 있는 방법이다.

원근법

전경에 더 가깝게 있는 사람과 약간 거리를 두고 서 있는 사람이 전자보다 더 작게 보이는 원근법은 실제로 두 사람이 크기가 같기 때문에 객관적으로

그림 5-8 다섯 살 된 주디가 그린 「게임하는 두 친구」

다리 셋 달린 고양이 톰
마이클 그린필드

그림 5-9 여섯 살 된 마이클이 그린 「다리 셋 달린 고양이 톰」

봐서는 거짓이다. 원근법의 또 다른 문제는 전경에 있는 물체가 가끔 중경과 원경에 있는 물체를 지운다는 데 있다.

한 평면 위에 앞모습과 옆모습이 통합되도록 형태를 표현하거나 위에서 내려다보는 각도를 선택하여 주요 부분을 두드러지게 하는 방식은 전달되는 정보의 양을 늘린다.

실물 그리기

관찰하고 분석하는 기량은 아이들의 이야기 일러스트에 영향을 미친다. 그림 5-10의 헬렌의 일러스트에 나오는 램프와 식물은 실물인 것처럼 그렸지만 사실은 상상해서 그린 것이다. 헬렌은 식물을 정확하게 기록할 수 있어서 식물이 자라는 이야기를 쓰게 되었다.

자신들을 둘러싼 수많은 말로 이루어진, 그리고 인쇄된 형태의 언어를 접하

그림 5-10 헨렌이 그린 「메리는 날마다 화분에 물을 주었다」

면서 아이들은 언어 지식을 넓혀가는 것처럼 눈에 보이는 환경과 마주치면서 일러스트에 관한 지식을 쌓아 간다. 여기에는 잡지에 나온 사진, 그림책에 나오는 그림, 가지고 노는 입체적인 장난감, 컴퓨터 게임과 텔레비전의 영상이 포함된다. 우리 교사들은 아이들이 주변에서 관찰한 세계 지식을 통해 완전히 창작한 그림을 독창적으로 그려낼 그 순간을 간절히 기대한다.

연재 만화의 영향

아홉 살 된 조너선이 쓴 날고 싶어하는 돼지, 포키에 관한 이야기의 첫 펼침면이 그림 5-11에 실려 있다. 첫 페이지에서 포키는 마치 "안녕. 나는 지금 이 이야기를 하고 있고, 전부 나에 관한 이야기이다"고 말하는 것처럼 우리를 바라보고 있다. 두 번째 페이지에서 데니스 덕도 역시 우리를 바라보고 있다. 그의 눈빛은 이렇게 말한다. "이 녀석이 하는 말을 믿을 수 있어요?" 아이들은 연재 만화의 틀에 박힌 수법을 본따 일러스트를 그리기가 쉽다. 하지만 조너선 같은 학생들은 이 분야에 타고난 재능이 있어 보이고, 그것을 그럴싸하게 이용한다. 아이들은 등장인물의 얼굴을 표현하는 것이 많은 의미를 전달할 수 있다는 것을 배웠다.

장난감을 모델로 이용하기

교생인 파울라는 레고 장난감 세트를 가지고 놀고 있는 ESL(영어를 제2외국어로 사용하는) 학생들과 작업을 하고 있다. 다섯 살 된 하니키와 페트리는 레고 말에 푹 빠지게 되었다. 아이들은 그것으로 도안을 그리고, 탁자 주위를 돌아다니게 했다. 그런 다음 두 기수에게 이름을 붙여 주었다. 그리고 파울라의 도움을 받아 그들을 그럴 듯한 인물로 만들고, 그들에 관한 이야기를 시작했다. "옛날에 작은 마을이 있었다." 아이들은 일러스트와 드로잉을 사용했다. 하니키가 1페이지, 페트리가 2페이지 이런 식으로. 그리고 파울라는 서기 노릇을 했다(나중에 본문은 워드 프로세서로 옮겼고, 출력물은 각 페이지의 하단에 붙였다).

말들은 이야기를 끌어가는 주요한 힘이다. 그리고 아이들은 레고 장난감 말들을 그림의 모델로 사용했다(페트리가 말들이 춤추듯 뛰어가는 것을 그려야 했

그림 5-11 만화 잡지에서 영향을 받은 조너선이 그린 일러스트

그림 5-12 페트리의 「질주하는 말」

이야기의 등장인물 그리기 · 117

을 때 페트리는 말들을 적당한 위치에 자리 잡도록 했다. 그림 5-12 참조).

팝업 책을 이용하기

팝업 책은 아이들이 공간적인 현실 세계를 볼 수 있게 해준다. 한 번은 여섯 살 된 아이들 여섯 명에게 데미언 존스턴(1992)이 만든 열대 우림에 관한 팝업 파노라마(회전)를 보여 주었다. 이 책에는 빽빽이 우거진 식물의 층과 거기에서 살아가는 동물 및 곤충들이 담겨 있다. 실제적인 자연물이 아니라 문제가 있으나 심각하지는 않다. 절충안을 찾아 한번 해볼 만한 가치가 있다.

모둠의 구성원들이 각자 열두 페이지짜리 아코디언 책을 본문과 일러스트로 된 두 페이지씩 만들기로 했다. 나는 모두가 볼 수 있도록 테이블 가장자리에 존스턴의 팝업 책을 놓아두었다. 동물과 곤충들을 확인한 아이들은 나무에 앉아 있는 밝은 빨강색 앵무새를 주인공으로 선택했다. 이름은 피터라고 지었다.

모둠의 오른쪽 방향으로 돌면서 아이들마다 차례로 각자에게 맡겨진 부분을 만들었다. 헤일리가 "아주 옛날, 열대 우림 지역에 피터라는 앵무새가 살았다"로 시작하자, 닐이 그 뒤를 이어 "어느 날 피터는 열대 우림 지역 너머까지 날아가 붉게 타오르는 횃불을 보았다"고 했다. 이야기가 이어져 나가자 나는 각각의 종이에 글을 받아 적었다. 누군가 생각이 막히면 다른 아이가 의견을 내놓았다.

마지막에 나는 이야기를 전부 읽어 주었다. 매끄럽게 이어지지 않은 부분들이 나오면 아이들은 조금씩 손질했다. 일러스트에 쓰려고 책장보다 6밀리미터쯤 작은 엷게 물들인 종이 여섯 장을 미리 준비해 두었다. (하얀 종이보다는 색이 들어간 종이를 사용한다. 색깔이 적당한 배경의 분위기를 살릴 거라고 느꼈기 때문이다.)

처음 아이들의 그림은 확실하지가 않았다. 여기에 홍학 한 마리, 저기에 식물이나 나무 모양 이런 식이었다. 그림으로 표현하는 열대 우림의 좋은 점은 그것이 아주 빽빽하게 표현된다는 것이다. 아이들은 각기 다른 물건들이 올려져 있는 선반들이 수직으로 늘어선 것 같은 일러스트를 구상할 수 있었다. 우리는 작업할 시간이 한 시간 반밖에 없었다. 그래서 일러스트를 진행하는 동시에 아이들이 차례대로 자기가 맡은 부분의 이야기를 책에다 썼다. 정해진 시간에 끝마치는 것은 중요한 일이라고 나는 생각했다. '노는 시간에 책 만들기'라는 과제는 긴급한 분위기를 만들어 내고, 이것이 흥분을 가져다줄 수 있다.

나누어서 사람 그리기

그리기 게임은 아이들이 일러스트에 대한 계획을 세우고, 그것을 풍부하게 구성할 수 있게 해준다. 학생들에게 A4 복사용지 한 장씩 나누어 준다. 그리고 이것을 초상화 방향으로 사용하라고 말한다. 칠판에 커다란 종이에 들어갈 그림을 그린다. 그런 다음 학생들에게는 칠판에 그림을 그리는 동안 지시대로 따르라고 한다(그림 5-13의 예에 나오는 숫자들은 아래에 제시한 그리기 단계에 따른 것이다). 아이들이 주의를 기울일 수 있는 시간은 상당히 차이가 있다. 그러므로 다음 단계로 옮겨가는 순간을 잘 판단하여 결정해야 한다.

1 4등분해서 가장 윗부분 가운데에 달걀 모양을 그린다. 달걀 모양의 한가운데를 통과하는 수평선을 그린다. 이 선 아래가 얼굴이고, 위가 머리칼과 머리가 있는 부분이다. 간단하게 얼굴 특징 – 눈, 코, 입, 귀 – 을 그린다. 그 밖에 어떤 특징들 – 안경, 귀고리, 턱수염, 주근깨 – 을 덧붙일 수 있을까? 여자인가 남자인가? 젊은가 나이 들었는가? 헤어스타일(단발머리, 말총머리, 변발, 땋은 머리, 짧게 깎은 머리, 길고 숱 많은 머리, 고수머리, 대머리)은 어떤가? 모자(야구모자, 카우보이 모자, 헬멧, 밀짚모자, 과일이나 꽃으로 장식한 모자)를 썼는가?

2 가운데 부분에 소시지 모양을 그린다. (가장 가운데 부분에 위치를 잡고 있는지 확인한다.)

3 어깨 자리를 대충 그린다. 드레스, 블라우스, 재킷, 코트, 티셔츠 등으로 수정할 수 있게 아주 살짝 그린다. 무슨 옷을 입고 있는가? 먼저 그린 머리 부분과

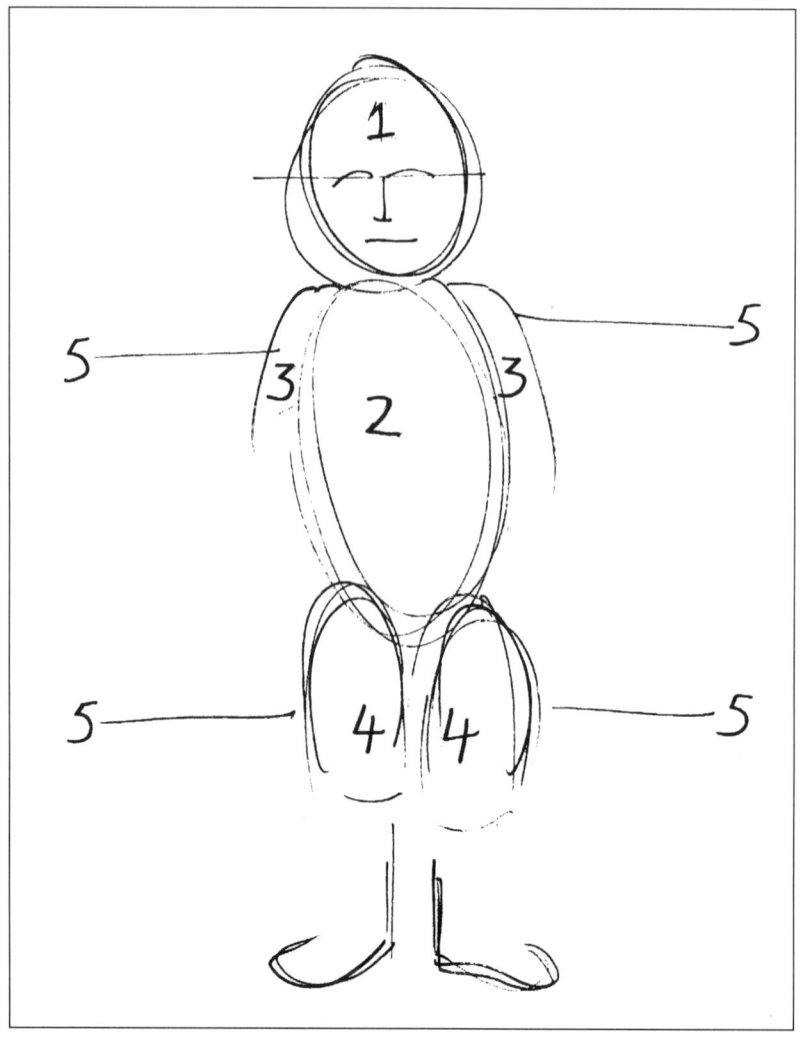

그림 5-13 배경에 인물 그리기 위한 기본적인 레이아웃. 숫자는 그리기 단계에 해당된다.

어울리는가? 제일 좋은 옷을 입고 있는가? 작업복을 입었는가? 간편복을 입었는가? 옷을 입힐 때는 양복의 접은 깃, 목선, 벨트, 주머니 같은 것들을 잊지 말아야 한다. 이제 옷의 재질과 무늬를 보여 주는 겉모양으로 넘어간다. 꽃무늬가 있는 드레스나 셔츠인가? 겹쳐 입는 옷 – 블라우스 위에 조끼, 코트 바깥으로 맨 스카프 – 이라면 무늬나 디자인이 각기 다른가?

4 엉덩이·허리에서 발까지 그려지는 인물의 마지막 부분을 그린다. 두께가 얇은 소시지 모양으로 다리를 표현한다. 발까지 내려오게 옷을 그린다. 구상하고 있는 모습이 이제 더 진전되었기 때문에 이 단계는 이전 단계보다 더 직관적으로 인식하는 단계이고, 많은 모양 – 다리 위로 오는 드레스, 청바지, 구겨진 바지, 버뮤다 반바지, 하이킹 신발, 스니커즈, 굽 높은 신발, 맨발 등 – 을 적용할 수 있다. 어떤 학생들은 합리적으로 구성하는 방식으로 각 부분을 그릴 것이다. 예를 들어 티셔츠와 청바지를 입고 스니커즈를 신고 있는 남자아이라는 식으로 말이다. 또 어떤 아이들은 더 복잡하고 초현실적인 모습을 만들어 낼 것이다. 기다란 모자에 화려한 무늬가 들어간 조끼, 반바지, 오리발을 신은 여자아이를 그릴지도 모른다. 뭔가 있다면 손에 들고 있는 것 – 가방, 테니스 라켓, 망원경, 공 – 이 무엇인지도 중요하다. 자신이 그리고자 하는 인물을 말로 표현해 본다. 아직 이름이 없는가? 만들고 있는 중인 이야기가 있는가?

5 종이 가운데의 수직 공간은 이제 그려진 인물이 차지하고 있으니까 배경으로 넘어간다. 인물이 서 있는 곳은 어디인가? 바깥이라면 인물의 양쪽에 두 개의 수평선을 긋는다. 위쪽에서 아래로 3분의 1, 아래쪽에서 위로 3분의 1 되는 지점에 수평선을 긋는데 전경, 중경, 원경을 그리기 위해서 긋는 것이다. 그런 다음 하단의 왼쪽·오른쪽 부분을 채운다. 도시의 인도, 밀밭, 정원에 깔린 길, 개울에 놓인 다리 같은 것들로. 선택된 전경이 중경에도 반영될 것이다. 도시의 인도

라면 중경은 가게들이 될 것이고, 밀밭이라면 농가가, 정원에 깔린 길이라면 헛간이 중경이 될 것이다. 윗부분은 당연히 하늘을 그려 넣는다. 하늘은 스카이라인에 건물이나 나무 같은 것들이 들어가면 더 재미있게 만들어질 수 있다. 열기구가 나무에 걸려 있는가? 지구로 내려오는 로켓은? 이 지점에서 실제로 이야기가 시작될까? 가장 간단하게 인물 주변에 실내 배경을 만드는 방법은 3차적 공간의 깊이보다는 2차적 공간의 깊이를 갖게 마련이다. 전경은 인물이 서 있는 공간-카펫, 장난감들이 흩어져 있는 타일 바닥-에 남아 있다. 중경과 원경은 하나로 통합된다. 멀리 보이는 방의 벽엔 아마도 문이나 창문이 있을 것이고, 그림도 하나쯤 있을 것이고, 책과 장식품들을 정리해 둔 책장도 있을 것이다.

그림 5-14는 이런 연습의 결과로 만들어진 그림이다.

좋을 대로 옷을 입혀 주세요

부분부분 나누어 사람을 그리는 것하고 비슷한 게임이 그것과 결합될 수 있다. 사람 모습은 그 주변에서 명백하게 모양을 드러낸다. 각각 그려지는 세부적인 것은 새로운 정보를 더해 준다.

반 아이들 앞에 서서 특별한 직업에 어울리는 옷-유리창 닦이, 우체부, 잠수부-을 입은 자신의 모습을 상상해 보라고 한다. (아이들은 특별히 마음에 드는 모델의 성별을 자유롭게 바꿀 수 있다는 것을 알게 된다. 이 게임을 할 때 학생들에게 나-머리가 벗겨진 중년신사-를 긴 금발머리의 젊은 여자로 그릴 수도 있다고 했더니 야유를 보냈다.) 모든 아이들이 앞에 선 교사를 확실하게 볼 수 있도록 몸을 천천히 왼쪽에서 오른쪽으로 돌려주고, 계속해서 이야기해 주는 것이 좋은 방법이다.

나는 지금 앞으로 10분 동안 꼼짝도 않고 이런 모습으로 서 있을 겁니다. 우선

그림 5-14 여덟 살 된 오마마가 그린 물건을 왕창 사고 있는 스마일리 부인 얼굴

이야기의 등장인물 그리기 · 123

페이지의 위쪽 중간에 달걀 모양을 그리세요. 그게 내 머리가 되는 겁니다. 이제 머리 아래에 긴 상자 모양을 그리세요. 그게 내 몸입니다. 아주 살짝 그려야 해요. 아직 여러분은 나를 그리려는 게 아니라 여러분 그림에 내가 이랬으면 좋겠다 싶은 모습을 상상해서 만들어야 하니까요.

자, 내 머리부터 시작해 봅시다. 여자를 그리고 싶은 사람? 남자를 그리고 싶은 사람? 내가 모자를 쓰고 있나요? 모자가 내 머리에 꼭 맞나요? 꽃이 달린 크고 펄럭거리는 모잔가요? 모자 아래로 내려와 얼굴 양쪽에 있는 머리칼을 어떻게 할지 생각해 보세요. 이제 얼굴로 가봅시다. 내가 턱수염이나 콧수염이 있는 남잔가요, 아니면 안경을 쓴 여잔가요? 나는 슬픈 표정인가요, 기쁜 표정인가요? 머리가 길지 않다면 귀를 그리는 걸 잊지 마세요. 내 귀를 보고 그리면 도움이 될 거예요.

이제 몸을 그려 봅시다. 내가 입고 있는 칙칙하고 재미없는 셔츠와 타이는 그리지 마세요. 이보다 더 화려한 것을 그려 보세요. 지금 여자를 그리고 있으면 스커트에 블라우스나 드레스는 어떨까요? 옷감 무늬는 어떤 모양인가요? 지그재그 무늬인가요, 아니면 물방울무늬인가요?

인물을 그린 후에는 배경으로 넘어간다. 어떤 배경이 가능한지 이야기를 나눈다. 수영장, 우주 로켓, 비밀 지하 도시, 비행기 위 등 다양한 이야기가 나올 법하다. 이런 연습은 아주 어린 아이들과도 해볼 수 있다. 그림 5-15는 여섯 살 된 멜라니가 그린 것이다.

실제 모습 그리기

아이들이 서로 모델이 되는 것은 그들이 인체 구성과 옷 입히기를 배우는 아주 훌륭한 방법이다. 이것은 위에서 설명한 조각 난 그림 그리기 게임에서 조금 발전한 것이다.

> 어느 날 스트라이프 부인은 예배를 보고 집으로 가고 있었다. 그녀는 롤리 팝을 하나 샀는데 빨간색이다. 스트라이프 부인은 마운틴스에 산다. 그곳은 너무 덥다. 스트라이프 부인은 자식이 둘 있는데, 그들의 이름은 베티와 벤이다. 스트라이프 부인이 집에 갔더니 베티와 벤은 텔레비전을 보고 있었다. 그녀는 자리에 앉아서 롤리 팝을 먹고 나서 아이들에게 말했다.

One day mrs Stripe was going home from church. She had bort a lolly. the lolly was red. Mrs Stripe lived in the matins it was very hot in the mountins mrs Stripe had two children there names were Betty and Ben When mrs stripe got home Betty and Ben were waching the T.V. Mrs Stripe Sat down and suked her lolly then She told Betty and Ben

그림 5-15 여섯 살 된 멜라니가 그린 스트라이프 부인

그림 5-16에 나오는 여덟 살 된 앨리의 일러스트는 이런 방식으로 그린 것이다. 이 일러스트는 집에서 달려 나오는 한 사내아이의 이야기가 중심이다.

그림 자료 모으기와 활용하기

전문적인 일러스트레이터들은 그림 자료(예를 들어 잡지에 실린 사진)를 담은 파일을 가지고 있다. 일러스트의 한 부분으로 물소나 시드니 오페라 하우스를 그려 달라는 요청을 언제 받을지 모를 일이다. 잡지에서 스크랩한 사진 모음은 어린 북 아티스트들이 일러스트의 질을 높일 수 있게 해준다. 열 살 된 도미니크는 일러스트 중 한 장을 빅토리아 열차 객실을 찍은 사진을 바탕

그림 5-16 앨리가 모델로 그린 자기 짝꿍

으로 완성했다(그림 5-17 참조).

유명한 그림을 복제하는 방법도 가끔 쓰인다. 아홉 살 된 존은 반 고흐의 『아를의 침실』을 바탕으로 자신의 익살스러운 이야기 「위조된 그림」(그림 5-18 참조)에 실은 일러스트를 그렸다.

그림 5-17 도미니크는 잡지에 나온 사진을 자료로 삼아 그림을 그린다.

그림 5-18 존이 반 고흐의 그림을 자기 식으로 바꾼 것

이야기의 등장인물 그리기 · 127

'더치 도어(상하 2단으로 된 문)' 책

아이들이 일러스트에 쓰일 의상 디자인의 레퍼토리를 늘릴 수 있으려면 아이들이 '더치 도어' 책을 만드는 것이다. 각 인물들이 허리선에서 나뉘도록 '더치 도어' 북 안에 수평 상태에서 반으로 나뉘는 페이지에 다양한 모습을 그리는 것이다. 페이지의 위나 아래를 넘기면 다른 의상과 사람 조합이 나온다. 그림 5-19는 아홉 살 된 로빈의 「재미있는 사람들」에서 추려 낸 몇 가지 사례들이다.

다음은 '더치 도어' 책을 만드는 방법이다. (그림 5-20의 그림에 나오는 숫자들은 아래에 나오는 지시문과 내용이 일치한다.)

그림 5-19 로빈의 작품 「재미있는 사람들」

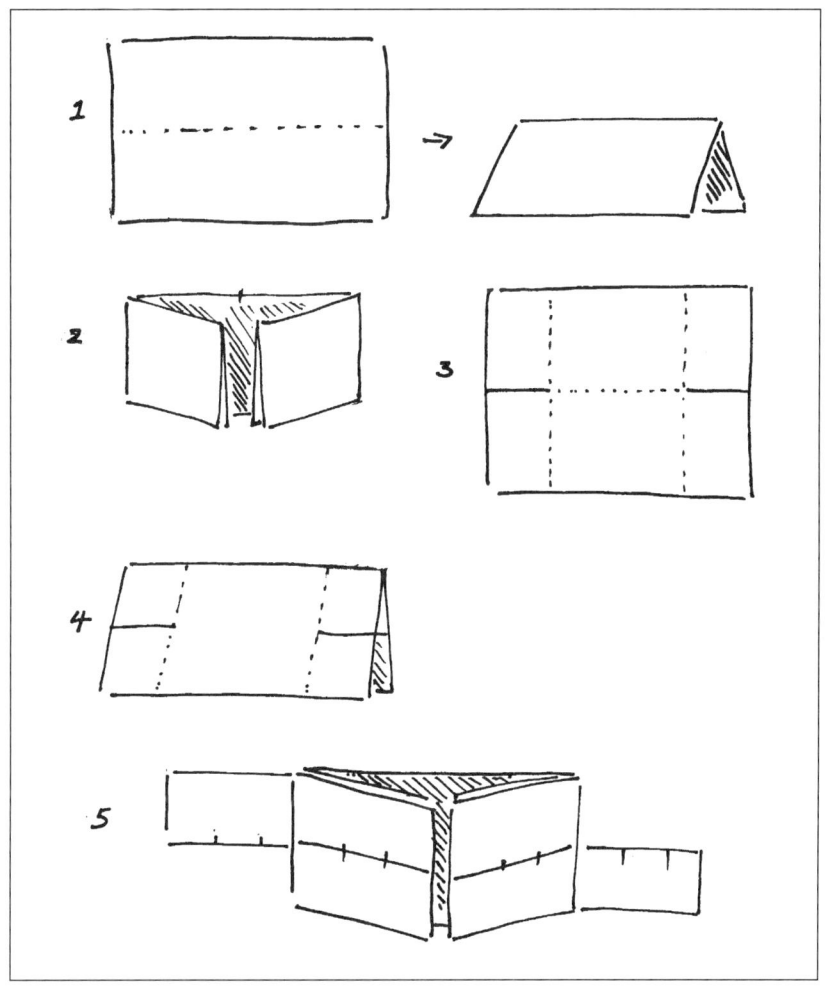

그림 5-20 '더치 도어' 책 만드는 방법

1. 수평 방향으로 종이의 중앙선을 따라 접는다(풍경화 방향).
2. 왼쪽 면과 오른쪽 면을 가운데로 접는다.
3. 종이를 다시 펼친 다음 수평 자국이 나 있는 가장자리 부분을 자른다.
4. 1단계에서처럼 반으로 접은 다음 양쪽 가장자리의 절반되는 지점을 자른다.
5. 양쪽 가장자리 부분을 가운데로 접고, 잘린 모든 조각의 오른쪽과 왼쪽 허리 부분에 표시를 한다.

그렇게 하면 두 세트의 서로 나란히 있는 세 조각들이 생긴다. 양쪽 가장자리의 두 조각은 움직일 수 있는 부분으로 되어 있고, 안쪽에 있는 조각들은 분리되어 있지 않다. (아이들은 조각들의 앞부분에만 그림을 그릴 것이다.)
교사는 학생들에게 다음과 같은 지도해 줄 수 있다.

* 왼쪽에 남성을 오른쪽에 여성을 그리세요. 아니면 각 면에 남성과 여성이 섞이게 그리세요.
* 각 조각의 절반마다 각기 다른 옷을 그리세요. 예를 들어 위쪽 1번 조각에 빨간 코를 달고, 물방울무늬 중산모를 쓴 어릿광대를 그리고, 위쪽 2번 조각에 머리에 쓰는 머플러에 안경, 짧은 코트, 스카프까지 두른 여자를 그리고, 위쪽 3번 조각에는 턱수염을 기르고, 모자에 목 위까지 올라오는 스웨터를 입은 늙은 선장을 그릴 수 있지요. 그런 다음 아래쪽 1번 조각에 밝은 색에 무늬가 있는 청바지와 굽 높은 신발을 그리고, 아래쪽 2번 조각에 버클이 있는 체크무늬 스커트와 무릎까지 오는 부츠를 그리고, 아래쪽 3번 조각에는 반바지에 두꺼운 양말과 하이킹 부츠를 그릴 수도 있지요.
* 다른 위치에 팔을 그리세요. 손마다 사람에게 적당한 물건을 들고 있도록 그려 주세요. (로빈의 책에 나오는 일러스트에서 잠수부는 작살을, 역도 선수는 덤벨을 들고 있다.)
* 양복 깃에 다는 배지나 얼굴에 난 상처 같은 작은 것들이 인물에 관한 표현이 될 수 있다.
* 핸드백이나 보석 같은 액세서리와 액세서리를 착용하는 방법은 사람에 대해 많은 것을 알려 준다.

출판된 몇몇 책들이 이 '더치 도어' 기법을 이용하고 있다. 그 중 내가 좋아하는 것은 노먼 메신저가 만든 『표정 만들기』(1992)이다. 다양한 인물들의 머리와 목만을 다섯 부분으로 나누어서 보여준다. 페이지의 왼쪽 면은 옆모습이고, 오른쪽 면은 앞모습이다. 그림 5-21은 열 살 된 애덤이 메신저의 책을 보고 비슷한 방식으로 만든 네 가지 얼굴을 보여 준다. 이런 식의 합성은 애덤에게 가능성 있는 인물의 완전히 새로운 분포 범위를 보여 주었고, 그 결과 플로렌스라는 펑크스타일의 인물에 관한 이야기를 만들어 냈다.

움직일 수 있는 사람

움직이는 사람을 그리기가 얼마나 어려운 일인지 앞서 이미 이야기했다. 그

그림 5-21 움직일 수 있는 종이조각으로 만든 얼굴 합성화

리고 인물의 옆모습은 앞모습보다 움직임을 암시한다는 점도 말했다(각도와 수직에서 벗어나는 각도의 증식이 커질수록 움직임을 더 빨라지는 것처럼 보인다). 복잡한 인체의 움직임을 이해하는 아주 실용적인 방법은 아이들에게 두꺼운 종이나 보드지로 할핀으로 연결한 관절이 있는 사람을 만들어 보게 하는 것이다. 관절이 있는 사람은 걷고, 달리고, 뛰고, 앉고, 누운 모습을 재현할 수 있다.

가장 기본적인 모양을 만드는 패턴이 그림 5-22에 나와 있다. (기본 형태를 유지해야 아이들 스스로가 성별, 유형, 나이, 그리고 아이들이 모델을 이용하여 그리는 인물의 다른 특징적인 것들을 결정한다.) 두꺼운 종이나 보드지로 인체 부분을 그려 자른다(팔, 다리, 손 부분은 두 세트를 만든다). 십자로 표시된 지점에 구멍을 뚫고, 할핀을 이용하여 팔다리를 연결한다. (그림 5-23이 완성된 모습이다.)

특정 자세의 인물을 요구할 때나 다른 포즈와 움직임을 탐색할 때마다 이 종이 인물을 길잡이로 삼을 수 있다. 예를 들어 열 살 된 데이지는 움직이는 사람 모습을 이용하여 그림 5-24에 나오는 일러스트를 만들어 냈다.

이렇게 관절이 있는 사람 모형을 이용하면 아이들은 머리나 팔의 미세한 움직임이 미묘한 의미의 차이를 전달할 수 있다는 것을 인식할 것이다. 머리를 숙이거나 머리에 손을 올리고 있는 모습은 깊이 뉘우치거나 괴로운 일이 있음을 암시한다. 팔을 몸 앞으로 쭉 뻗고 있으면 '내게로 오라'고 말하는 것이다. 팔을 위로 뻗고 있으면 상황에 따라 기쁨이나 공포를 느끼게 할 수 있다. 머리와 팔을 가지고 느낌을 전달하는 방법은 셀 수 없이 많다.

난 못 그려 증후군

나이가 먹을수록 많은 아이들이 자신들의 그리기 능력에 대해 자신 없어 한다. 그리고 그림을 그리려는 노력이 대개 야단스럽고 부자연스러워 보인다.

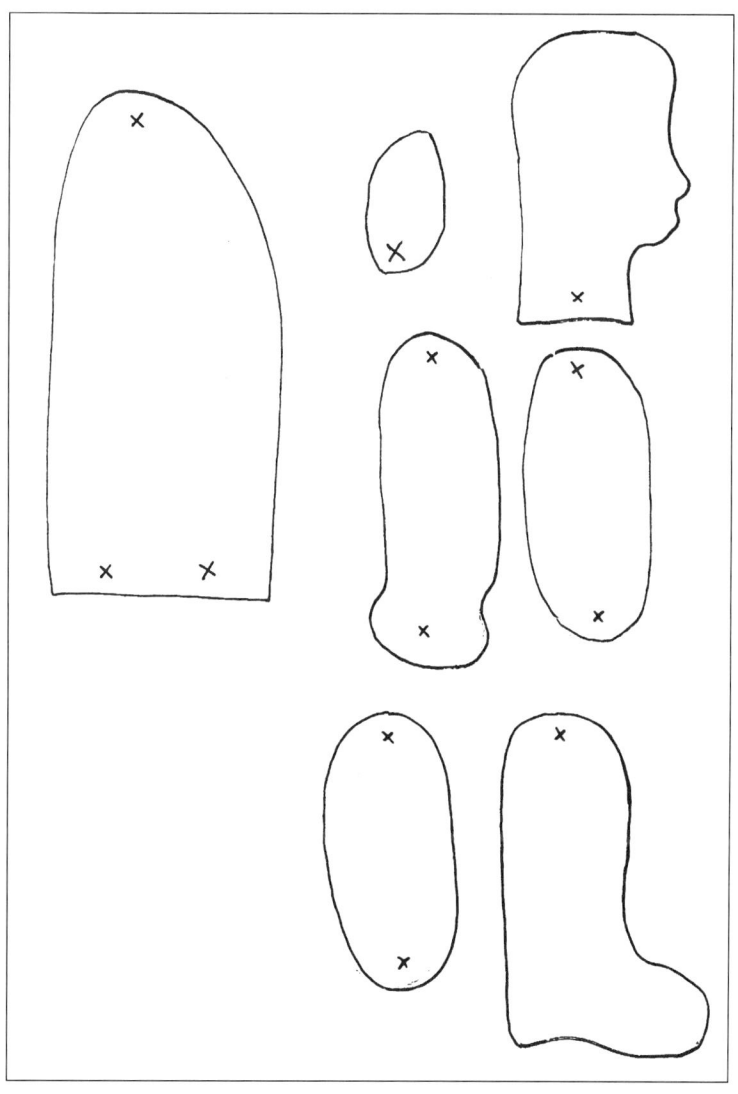

그림 5-22 움직일 수 있는 인물을 만들기 위한 각 부분의 패턴

아이들은 자와 지우개에 의지하기 시작한다. 아이들이 만든 책에 들어가 있는 일러스트들이 아이들이 쓴 글과 비교해 볼 때 수준이 떨어지는 것이 조금 놀랍다는 생각이 든다.

이런 시기에 아이들이 전형적인 만화 스타일 그림에서 위안을 찾는 것은 위험하다. 만화 그림을 통해 사람 모습의 움직임과 얼굴 표정의 미세한 변화에

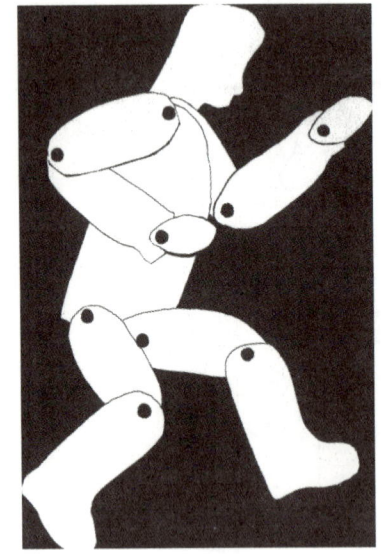

그림 5-23 움직일 수 있는 인물의 완성된 모습   그림 5-24 움직일 수 있는 인물을 모델로 삼아 데이지가 그린 일러스트

관한 많은 것을 배울 수 있겠지만, 학생들이 이러한 영향을 자신만의 그림 스타일에 적합한 방식으로 받아들이는 것이 중요하다.

경험이 쌓이면서 아이들은 개성 없는 모델을 필요로 하지 않고, 구성을 하는 기량을 발휘할 수 있다. 그림 5-25에 나오는 조슈아의 고양이 그림은 소세지 모양과 타원형을 맞물리게 한 구조물을 놓은 다음 몸체, 다리, 머리를 그리는 방식으로 만들어진 것이다.

글이 없는 그림

글 없는 그림 이야기에 도전한다는 것은 하나의 일러스트에서 다음 일러스트로 논리적으로 옮겨 가야 한다는 것을 의미한다. 그러므로 어떤 일이 일어났는지에 대해 명확하지 않은 것이 없어야 한다. 생생한 정보를 전달해 주기 위해 의지하는 글이 없다면 일러스트가 완벽하게 이야기를 전달해야 한다.

짝을 이루는 그림들을 가지고 이야기할 때 자주 겪는 어려움은 전체 이야기

그림 5-25 조슈아의 고양이 스케치

가 구체적인 '형태'를 갖도록 에피소드들을 일정한 간격을 두고 배치하는 문제이다. 그림 5-26의 사례에서 에이미는 12개의 상자에 들어간 그림으로 이야기하는데 이야기를 아주 훌륭하게 전개하고 있다. 처음 네 개의 상자는 제니퍼가 쇼핑하러 가는 준비 과정을 담고 있다. 가운데 부분에서 제니퍼는 막대사탕을 산다. 막대사탕이 점점 커지기 시작하더니 위로 떠올라서 제니퍼를 하늘로 들어 올릴 정도로 커져 버렸다. 마지막 그림 상자에는 막대사탕이 제니퍼를 안전하게 집으로 데려다 주는 내용이 담겨 있다. 처음 여섯 개의 상자는 보는 사람들이 이야기의 첫 번째 클래이맥스-막대사탕이 점점 커지는—를 볼 준비를 하도록 한다. 마지막 네 개의 상자는 만족스러운 결론—막대사탕 때문에 하늘로 들어 올려진 제니퍼가 집으로 오는—을 묘사한다.

필립 듀패스퀴어는 글자 없는 그림책을 예술로 만들었다. 그의 『잠을 잘 수 없어』(1990)를 보노라면 책에 글자가 없다는 것을 의식하지 않는다. 정말 글자란 것이 쓸데없이 끼어드는 거라는 느낌이 들 정도로 일러스트가 이야기를 아주 잘 전달하고 있다.

전문가에게 배우기

아이들은 마음에 드는 그림책을 보고, 좋아하는 등장인물을 알아보는 일을 좋아한다. 바버라 조단(1992)은, 아이들은 자신들이 읽은 이야기에 등장하는 주인공들과 얼마나 밀접하게 동일시하는지를 언급하고 있다. 이런 상황은 아이가 같은 등장인물을 이용해 이야기를 만들고, 같은 등장인물을 그려 보는 것으로 이어질 수 있다. 그림 5-27에 나오는 아홉 살 된 세라의 글과 일러스트는 레이와 코니 버로우의 『바부시카』를 떠올리게 한다.

아이들이 자신을 표현하는 언어로 전문가의 스타일을 흡수 동화할 수 있다면 이런 방식으로 디자인에 관해 많은 것을 배울 수 있다.

아이들은 지적 능력이 발전함에 따라 많은 것들을 배우면서 일러스트 그리기를 배운다. 아이들은 데생으로 그리고, 그림을 구상하면서 그림 그리기를 배운다. 그렇지만 북 일러스트를 검토하다 보면 아이들이 스스로 일러스트를 만들어 내는 방법을 이해하도록 하는 방식의 일부로만 흘러갈 수 있다. 교사들은 학생들이 타고난 자신의 재능을 살리는 데 힘을 쏟기를 바란다.

제니퍼의 막대사탕

바부시카라는 아가씨가 있었는데, 어느날 3명의 왕이 그녀의 집으로 왔다. 그리고 왕들은 말했다. "그대의 집만이 우리가 머물 것 같아서 그러는데 집 안으로 들어갈 수 있겠소?"
바부시카가 말했다. "좋아요. 하지만 얼마나 머무르실 겁니까?" 그러자 왕들은 "별이 나타날 때까지"라고 말했다. 그래서 집 안으로 들인 그녀는 계속해서 물었다. 그때 별이 오므로 왕이 말했다. "그대는 바부시카에게로 오는 것이오?"
그녀는 계속해서 집안일을 했기 때문에 오지 않았다. 그때 그녀는 장난감을 몇 개 모아서 그것을 깨끗이 씻고, 바구니에 넣어 두었다. 그녀는 꽤 멀리 갔다가 쉬려고 멈추었다. 그때 그녀는 길을 계속 가다가 왕들이 안으로 들인 남자를 보았다. 바부시카는 마룻바닥에 무릎을 꿇었다. 이제 바부시카는 언제나 어린아이들에게 선물을 주곤 한다

그림 5-26 아홉 살 된 에이미의 글이 없는 그림 이야기 「제니퍼의 막대사탕」

그림 5-27 레이와 코니 버로우의 책을 세라가 새롭게 해석한 것

아이가 다양한 도구와 재료를 자신 있게 활용하는 경험과 기량을 쌓으면
자신의 개인적인 환경에 대한 반응은 선, 모양, 형태, 무늬, 질감의 표현으로
더 빠르게 전환된다. 선을 해석하고, 모양을 분석하고, 형태를 경험하고,
색을 어울리게 쓰는 기량이 확실하게 드러난다. 균형과 깊이는
확실히 아이가 전념하기 시작하고 있는 문제들이다.

- 마거릿 모건

6
이야기의 배경 그리기

"사자는 어떻게 생겼어요?" 아이들은 일러스트를 그릴 때 항상 이런 질문을 한다. 대개 아이들은 동물에 관한 참고 서적에서 사자의 사진을 찾는다. 하지만 그러고 나면 또 다른 문제가 생긴다. "난 이런 누워 있는 사진 말고 사자가 나한테 달려오는 사진이 필요한데."

이런 난관은 무엇이든 실제적인 '유사성'이 없다는 것을 보여 준다. 모든 물체는 보는 사람과 맺는 관계를 통해 인식된다. 아이들의 초기 그림에 평면과 입체의 구분이 전혀 나타나지 않는다고 해도 아이들은 어쨌든 아주 적절하게 공간을 표현한다.

평면

그림을 보는 것은 정육면체의 한 표면에서 반대쪽 표면까지 꿰뚫어 보는 것과 같다. 그림의 상황 속에 있는 모든 것은 보는 사람으로부터 멀어지는 것

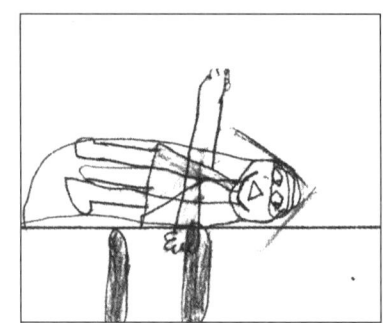

그림 6-1 선에 대한 다양한 해석

그림 6-2 그레고리가 그린 산타클로스 일러스트

처럼 보인다. 그리고 하나의 물체가 있는 한 평면만이 어떤 시점에 뚜렷하게 눈에 들어온다. 아이들은 이런 현상을 재연하기 위해 여러 가지 기법을 사용한다.

공간

한 장의 종이에 그어진 선 하나는 그것 자체만으로는 이해할 수 없다. 항상 그 주변에 있는 2차원의 공간과 관련을 맺는다. 이 텅 빈 주변 환경을 두고 마음에 그려진 내용이 선을 이해하는 방식을 결정짓는다. 선은 평평한 면에 누워 있는 것처럼 보이기보다는 오히려 '땅'의 앞이나 밑에 있는 것처럼 보일 수 있다. 그림 6-1에 나타난 선을 해석해 보면 길, 침대, 철로, 운동장의 경계, 책상의 가장자리, 벽, 수영장, 수평선으로 이해된다.

기선의 방향

그림에서 상단/하단, 왼쪽/오른쪽의 중심은 수직(사람들, 집, 나무)일 수도,

그림 6-3 에드워드가 골동품 가게 전면을 세밀하게 표현한 일러스트레이션

중간 휴가 중 어느 날이었다. 필은 따분했다. 그래서 아이쇼핑하러 먼 길을 걷기로 했다. 길을 따라 걷다가 갑자기 좁은 골목이 눈에 띄었다. 그는 그쪽으로 꺾어 들어가 한 골동품 가게까지 갔다. 가게 안으로 들어갔더니 휘황찬란한 꽃병과 시계가 있었고, 어디에나 지루하기는 마찬가지였다. 가게에는 아무도 없었다.

그는 동굴 안으로 들어가 지하 왕국을 돌아다녔다.

그림 6-4 존의 「타임머신」에 실려 있는 일러스트

수평(정원, 거리, 테이블의 윗면)일 수도 있다. 그림 6-2에 나오는 다섯 살 된 그레고리의 일러스트(산타클로스와 벽난로)에서 보이는 주요한 특징은 물체는 수직 공간에 있고, 수평 공간의 점점 멀어져 가는 깊이가 그것을 둘러싸고 있다는 것이다. 산타클로스와 고양이는 가상의 선-프레임의 하단에 있는 플랫폼-위에 앉아 있다.

아이들은 이 땅과 접한 선을 뚜렷하게 나타내 줌으로써 자신의 그림에 지시를 내릴 것을 강요한다. 여기는 주요 행동이 이루어지는 무대이다. 프레임의 다른 가장자리들은 앞 무대의 경계들이다. 북 일러스트를 보는 것은 극장에 앉아 있는 것, 유리창을 통해 내부를 보거나 바깥을 보는 것과 같다. 배우와 무대(인물과 장소)는 일러스트에 반드시 필요한 부분이다.

북 일러스트에 나오는 사람들(혹은 인간의 속성을 가진 물건들이나 동물들)은 다른 어떤 것보다 더 관심을 요구한다. 그들에게 이야기의 주제가 되기를 기대하기 때문이다. 그들이 보이지 않으면 주제로 삼을 만한 것을 눈으로 찾아 헤맨다.

열 살 된 에드워드의 「마술 골동품 상자」는 주인공인 필이 일러스트에 전혀 등장하지 않는 특이한 책이다. (사토시 기타무라가 『UFO 일기』에서 주인공이 등장하지 않는 그런 비슷한 시도를 하고 있다.) 첫 번째 일러스트(그림 6-3 참조)를 가득 채우고 있는 가게 정면 그림은 세세한 묘사로 관심을 끈다. 그리고 우리는 마음의 눈으로 가게 안에 있는 주인공을 본다.

그러나 이런 일반적인 규칙에 예외는 있다. 때로 눈길을 끄는 배경 그림은 인물보다 더 관심의 대상이 된다. 그림 6-4에 나오는 여덟 살 된 존의 일러스트에서 지하 왕국과 화산은 주인공보다 더 시각적으로 끌린다.

인물

주인공을 중심으로 이야기가 만들어진다. 등장인물들 사이의 연관을 묘사할 때는 등장인물들 중 한 사람이 우위를 차지해야 한다. 이런 사람이 확연하게 드러나지 않으면 우리는 혼란스러워한다. 그림 6-5에 나오는 여섯 살 된 이브의 글은 설득력이 있다. 독자는 처음에는 왼쪽에 있는 테디 베어를 들고 테디에게 말해도 소용 없었다. 나는 인형들에게 말했다. 아이디어를 얻었다고. 인형들과 테디는 집으로 가서 제인을 깨웠지만 제인은 무슨 일이 일어났는지 믿을 수가 없었다. 그녀는 그들과 함께 가기로 동의했다. 그녀는 횃불을 들고 드레싱 가운을 입었다. 그들은 그곳에 가자마자 고양이를 발견하고 집으로 먼 길을 걷기 시작했다. 그들은 부활절을 맞이하여 내내 행복하게 살았다.

그림 6-5 이브의 「사람이 된 장난감들」에 나오는 일러스트

있는 주인공 제인에게 관심을 갖다가 다음에는 오른쪽에 있는 주인공보다 작은 고양이와 인형 두 개에 관심을 갖는다.

같은 크기 투영법

같은 크기 투영법의 예를 들 때는 일본의 그래픽 아트가 자주 거론된다. 이 그림 기법에서는 물체가 경사를 통해 깊이를 갖는다. 그러나 뒤쪽으로 물러나 있는 물체의 크기는 언제나 변함이 없다. 그림 6-6에 나오는 헬렌의 거리 장면은 뒤로 물러나지 않는 사선의 각도에서 그려져 있는데, 집의 전면은 거리에서 직각으로 보인다. 멀리 있는 물체가 하나의 소멸점을 향하여 점점 가늘어지는 단순한 원근법으로 발전하기 전에 아이들이 이런 그리기 방식을 거친다는 것은 특이한 일이다.

다섯 살이나 여섯 살 정도의 아이들은 물체와 사람들을 가까이 있는 것과 멀리 있는 것으로 구분하는 데 크기를 이용한다. 그림 6-7에 나오는 여섯 살 된 조앤의 일러스트에서 거인(주인공)은 우리가 보기에 가까운 곳에 있고, 호랑이(부차적인 등장인물)는 좀더 뒤에 자리 잡고 있다. 나머지 동물들(중요하지 않은 등장인물들)은 가장 멀리 떨어져 있다.

일곱 살이나 여덟 살 정도 되면 아이들은 더 멀리 있는 물체를 페이지에서 더 위쪽에 놓기 시작한다. 그림 6-8에 나오는 제시카의 일러스트에서 주인공은 하단에 자리 잡고 있다. 집들은 중간 부분 위쪽을 차지하고, 멀리 있는 언덕은 상단에 있다.

그림 6-6 일곱 살 된 헬렌이 사용한 같은 크기 투영법

그림 6-7 가까움과 중요성을 암시하는 등장인물의 크기

아마도 그림을 그리면서 부딪히는 가장 큰 과제는 3차원의 물체를 실감나게 표현하기 위해 선과 모양의 2차적 형태로 그것을 변화시켜야 한다는 것을 인식하는 것이다. 물론 이런 문제는 서서히 생긴다.

엑스레이 그림

실내 장면을 그린 아이들의 그림은 실외 구조의 2차적 묘사 위에 포개진다.

네모는 입체적 공간을 상징한다(그 예로 그림 6-9와 6-10 참조). 텔레비전 화면이 자주 무너진 방의 벽을 표현하는 것을 인정하지만 이렇게 '들여다보는' 그림을 우리는 세련되지 않다고 여긴다.

모양을 축소하는 방법

같은 크기 투영법과 원근법을 이용한 그리기는 3차원의 물체를 표현하기 위해 2차원의 선과 형태를 이용한다. 모양을 축소하는 방법은 어떤 물체의 부분들이 관찰자가 보기에 다른 거리에 있다는 시각적 암시이다. 그림 6-11에 나오는 열 살 된 에릭의 그림에서 팔뚝과 손은 가슴에서 앞으로 돌출되어 있어 모양을 축소하는 방식으로 그려졌다.

겹쳐 그리기

겹쳐 그리기는 물체들이 여기저기 서로 막고 있기 때문에 그림을 그릴 때 피할 수 없다. 인물을 표현하는 가장 단순한 방법은 밋밋하게 정면을 향하게 그리는 것이다. 하지만 활발하게 움직이는 인물에 대한 이야기를 시작하게 되면 복잡하게 교차되는 팔다리가 필요하다. 반쯤 옆으로 향한 인물의 앞으로 뻗은 팔을 그린 열 살 된 알렉스의 그림(그림 6-12 참조)이 좋은 사례이다.
학생들이 전경 인물들 주변에 있는 배경 물체들을 그릴 때(그림 6-13 참조) 추상적인 사고를 하는 단계에 도달했다. 그런 학생들은 물체의 보이는 부분들을 그리기 위해 사람들 뒤에 있는 물체들을 상상할 수 있을 것이다.

인물 배치

인물을 그림의 어느 자리에 배치하는가는 대단히 중요하다. 그림에는 왼쪽에서 오른쪽으로 가는 역동적인 방향이 있다. 그림 6-12에 나오는 알렉스의 마술사는 다음 페이지가 바라다 보이는 오른쪽 방향으로 움직이고 있다.

그림 6-8 깊이를 표현하기 위한 제시카의 상단부터 하단까지 위치 정하기

그림 6-9 여섯 살 된 마이클은 돌고래의 집에서 돌고래 텔레비전을 보고 있는 돌고래와 마블 아주머니를 보여 준다.

> 그는 그녀를 바다 밑에 있는 집으로 데려갔다. 거기서 돌고래 TV를 봤다.

그림 6-10 열 살 된 애덤은 가능한 한 많은 정보를 담으려고 모든 공간에 '엑스레이' 기법을 이용하고 있다 (멀리 있는 달의 풍경에 주목해야 한다).

그림 6-11 열 살 된 학생이 이용한 모양을 축소하는 방식

그림 6-12 알렉스의 「마술사 Q의 모험」에 나오는 일러스트

그림 6-13 열 살 된 파리드의 「조지의 청바지」에 나오는 일러스트

그림의 오른쪽 면에 있는 물체는 더 중량감이 있다. 똑같은 크기의 두 물체가 왼쪽과 오른쪽에 있을 때 오른쪽에 있는 물체가 더 커 보인다. 이런 문제를 보완하려면 왼쪽에 있는 물체를 더 크게 그리거나 다른 방법을 동원하여 더 의미 있어 보이게 해야 한다. 눈은 처음에는 왼쪽에 있는 물체에 관심을 보이다가 차츰 오른쪽으로 관심의 초점을 옮겨간다. 왼쪽에서 오른쪽으로 그림을 '읽는 것'은 움직임이 더 쉬워 보이게 만든다. 그 반대 방향으로 움직이는 것은 자연스러운 흐름을 거스르고 나아가는 것처럼 보인다(그림 6-14 참조).

구조상의 균형

그림의 디자인은 그림의 경계선에만 제약을 받는 것이 아니라 점점 멀어져 가는 수직축과 수평축에 의해서도, 그리고 대각선에 의해서도 제약을 받는

그림 6-14 이 일러스트에 나오는 등장인물들은 어딘가로 간다기보다는 어딘가에서 돌아오고 있는 것처럼 보인다.

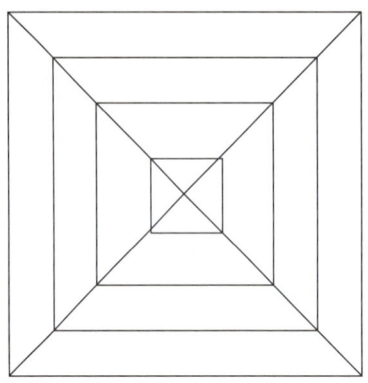

그림 6-15 구성 틀 안에서 대칭점들

다(그림 6-15 참조). 그림에 있는 모든 대상은 고유한 위치를 가지고 있다. 특히 가운데에서 같은 거리에 있으면서 서로 영향을 미치는 형태들이 있으면(그림 6-16 참조) 안정돼 보인다. 그림 6-17에서처럼 서로 영향을 미치는

그림 6-16 여덟 살 된 미켈라의 「더러운 댄과 이상한 덩어리」에 나오는 일러스트

> 그는 스스로에게 다짐했다. "어떤 결과가 나오든 볼 수만 있다면 그대로 따르겠다." 더러운 댄은 누군가가 구석에서 걸어나오는 것을 보았다. 그는 학급 왈따쟁이 빌리였다.

형태들을 한쪽 면으로 옮겨 놓는다면 자리에서 빠져 나온 것처럼 보인다. 「아기 공룡」(그림 6-18 참조)에 나오는 존과 메리의 일러스트의 가운데 부분이 넓게 텅 비어 있는 것은 무엇인가가 빠져 있는 듯한 느낌을 준다.

등장인물이 중심에서 벗어나 한쪽으로 치우쳐 있으면 가운데에서 빠져나간

이야기의 배경 그리기 · 151

그림 6-17 아홉 살 된 제이슨의 「귀염둥이 개」에 나오는 일러스트   그림 6-18 메리와 존의 「아기 공룡」에 나오는 일러스트

것처럼 보이거나 더 멀리까지 이동하고 싶어하는 것처럼 보인다. 그림의 심리적인 구조는 끌어당겼다 밀어냈다 하는 작용, 규제된 긴장 관계의 상호 작용이다.

시각적인 역동성

그림책은 일러스트에 등장하는 모든 대상들이 대칭으로 자리 잡고 있으면 재미가 없다. 눈은 다양한 것을 보고 싶어한다. 움직이지 않는 형태보다 동적인 움직임이 더 주목할 수밖에 없는 힘을 가지고, 양식화된 모양보다는 과장된 표현이 더 설득력이 있다. 대각선은 수평선이나 수직선보다 구도를 더 생기 있게 만든다.

그림 6-19 아홉 살 된 로라의 「고양이와 고래」에 나오는 일러스트

그림 6-20 열 살 된 세라의 「플라워 파워」 (히피족의 사랑의 힘을 뜻하는 구호 - 옮긴이)에 나오는 일러스트

그림 6-21 열 살 된 아마르의 일러스트

그림 안에 존재하는 영향력이 서로 평형이 되도록 보완할 때 힘의 균형이 이루어진다. 로라의 그림(그림 6-19) 왼쪽에 있는 수직적인 고양이의 형상은 오른쪽에 있는 수평으로 그려진 고래의 모습과 비대칭으로 균형을 이루고 있다. 그림 6-20에 나오는 세라의 수직선과 수평선이 교차되어 빈틈이 없는 건축물 그림은 사선-못이 박힌 두꺼운 판자, 간판, 사람의 팔과 다리, 깨진 유리창, 별들-이 많이 들어가 있어서 힘이 넘친다. (아무래도 세라는 여기에다 너무 많은 에너지를 쏟아 부은 것 같다.) 그림 6-21에 나오는 아마르가 그린 축구 선수의 비스듬한 각도는 허공에 떠 있는 공 때문에 균형이 잡혀 있다.

균형이 잡히지 않는 그림은 모호해 보인다. 그림에 형태들을 구조가 잘 맞게 배치하는 것에 관해 확실하게 해주어야 한다. 다시 말해 균형이 잡혀 있는가, 잡혀 있지 않는가를 잘 보아야 한다. 어떤 형태가 이야기하려는 것이 무엇인지 말할 수 없다면 눈은 혼란스러워진다.

중량감

그림의 특징이나 분위기는 대부분 그 중량감에서 좌우된다. 중량감은 여러 가지 방식으로 표현되고 균형을 맞출 수 있다. 「마술사」(그림 6-22 참조)를 보면 마흐부불의 일러스트 왼쪽에 나오는 다수의 작은 인물들은 오른쪽에 나오는 중요 인물 때문에 균형을 이룬다.

크기와 색깔도 중량감에 영향을 미친다. 붉은색은 푸른색보다 무겁고, 밝은색은 어두운 색보다 더 무겁다. 화면 가득 차게 그린 얼굴은 등장인물이 우리와 아주 가깝게 있다는 느낌을 준다. 그림 6-23에서 애덤은 화면 가득 얼굴을 그려 넣어 시그마이어 부인의 활달한 성격을 두드러져 보이게 하고 있다. 특별한 관심거리도 균형에 영향을 미친다. 그러므로 작지만 소중하고 재미있는 물건은 그것의 크기보다 더 영향력을 가질 것이다. 그림 6-24에 나오는 등장인물이 들고 있는 이상해 보이는 물건은 상대적으로 작지만 호기심을 자극하기 때문에 비중이 크다.

비슷한 경우로, '개인적인 관심사'(예를 들어 관찰자가 바라는 것이나 무서워하는 것)라고 표현할 수 있는 것이 그림의 중량감에 영향을 미친다. 호감이 가거나 공포를 주는 물건들은 그려져 있는 상태보다 더 커 보일 수 있다.

마지막으로, 더 높은 곳에 그려진 대상이 아래에 그려진 것보다 중량감이 더 있어 보인다. 우리 주변 세계에 더 높게 있는 것보다 더 낮은 곳에 있는 것이 많기는 하지만 말이다. (북 디자이너들은 습관적으로 페이지의 위보다 아래에 더 많은 공간을 남긴다.)

'목록'

아이들 책에서는 사실과 허구를 나누는 선이 더 모호해지기 때문에 정보를

그림 6-22 열한 살 된 마흐부불의 「마술사」에 나오는 일러스트

그림 6-23 열 살 된 애덤의 「스페이스 시그마이어 부인」에 나오는 정면을 향한 얼굴을 그린 일러스트

그림 6-24 열 살 된 레베카의 「아타슈 씨」에 나오는 일러스트

이야기의 배경 그리기 · 155

전달하는 책의 일러스트 기법이 이야기책의 일러스트 기법과 서로 넘나든다. 그림 6-25에서 아홉 살 된 로지는 자기 이야기에 나오는 등장인물들과 중요한 물건들을 통합된 그림이 아니라 격리된 그림으로 그렸다. 마치 참조 문헌의 그림 목록 같아 보인다.

> 소피는 양동이와 가래를 가지러 갔다. 그녀가 돌아왔을 때 블롭이 말했다. "누군가가 당신을 부르는 소리를 들었다." "아니야. 그게 엄마라는 것에 내기를 걸어도 좋아." 하고 소피가 말했다. "소피, 점심 먹어."하고 엄마가 말했다. "가고 있어." 라고 소피는 소리쳤다. 그래서 그들은 둘 다 같이 가서 점심을 먹었다. 그때 엄마는 집에 가야하는 시간이라고 말했다.

그림 6-25 목록으로서의 일러스트

깊이

처음에 아이들은 그림의 하단 가장자리—기선—를 땅으로 표현한다. 상단 가장자리는 스카이라인이 되고, 넓은 가운데 부분은 등장인물이 있는 장소나 사건이 일어나는 장소가 된다. 3차원을 2차원의 상태로 표현하는 기법을 배우면서 점차적으로 아이들은 가장 가까운 것을 전경으로, 가장 멀리 있는 것을 배경으로, 그 둘 사이의 공간을 중경으로 인식한다. 우리는 4장에서 아주 어린 아이들이 이런 공간적인 방식으로 생각하도록 하는 방법을 배웠다. 물론 한 범위가 끊이지 않고 무한히 계속되는 경치를 재현하는 다음 범위가 된다고 말하기는 어렵다. 화면의 '깊이', 그림이 시작되는 장소와 끝나는 장소 사이에 있는 가상의 공간, 가까운 것, 중간에 있는 것, 멀리 있는 것 같은 개념으로 가득 차 있는 공간적인 범위는 상당한 변화가 있을 수 있다.

화면은 다양한 '두께'로 나눌 수 있다. 이것은 전경, 중경 혹은 원경을 뚜렷하게 드러내기 위해 그림이 그려지는 공간에서 위아래로 움직일 수 있다. 그림 6-26에 나오는 첫 번째 사례들 중 첫 번째 것에서 전경의 창문 인테리어

그림 6-26 전경, 중경, 후경 그리고 배경을 적용한 일러스트의 사례들

가 그림의 대부분을 차지하고 있다. 두 번째 것에서는 중경인 집이 장면을 채우고 있다. 그리고 마지막 사례에서는 원경인 산의 경치가 거의 그림을 가득 채운다.

접은 종이를 이용해 공간 이해하기

층지게 자르고 접은 종이는 아이들이 일러스트에 들어 있는 공간의 복잡함을 이해하도록 해줄 수 있다.

방법 1

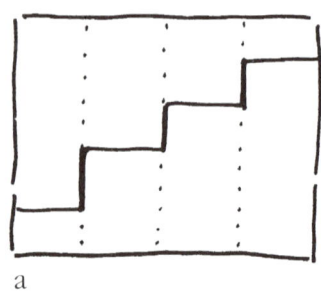
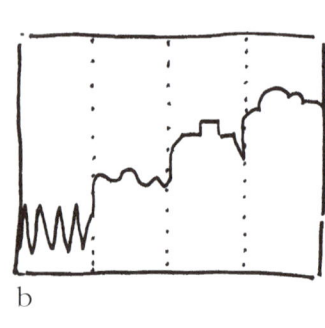

그림 6-27 방법 1

1. A4 복사용지 한 장을 (풍경화 방향으로) 수직으로 4등분 되게 접는다.

2. 접힌 네 부분에 연하게 계단을 그린다(그림 6-27a 참조).

3. 네 개의 계단에 각기 다른 윤곽선이 나오도록 모양을 그린 다음
   (그림 6-27b 참조) 각 윤곽선 윗부분을 오려 낸다.

4. 종이를 다시 접고, 공간의 구성이 무엇을 나타내는지 본다
   (그림 6-27c 참조).

종이를 납작하게 접은 모양은 연속적인 네 개의 화면에 깊이를 주는 공간-전경, 가까운 중경, 먼 중경, 원경-이 된다(그림 6-28 참조). 이 공간들을 풀

그림 6-28 세라가 중첩시킨 일러스트

이하는 방법은 선택 사항이다. 두 개의 중간층은 하나의 우세한 중경이 전부 차지하는 것으로 풀이할 수도 있다. 그러나 두 개의 중간층 중 하나가 전경에 치중하게 하면서 아래로 이동할 수도 있고, 원경에 강조점을 두면서 위로 이동할 수도 있다. 대체로 실내의 깊이는 실외의 깊이보다 훨씬 더 짧아지는 경향이 있고, 세부 묘사가 더 많아지며 치밀해지는 것을 허용한다.

방법 2

위에 이야기한 지그재그 기법에서 생길 수 있는 문제는 각 부분들을 엇갈려서 펼치는 것이 혼란스러울 수 있다는 점이다. 다음은 다르게 종이 접기와 자르기를 다르게 하는 방법이다. 이 방법으로 하면 모든 부분들이 같은 면에 달리게 된다.

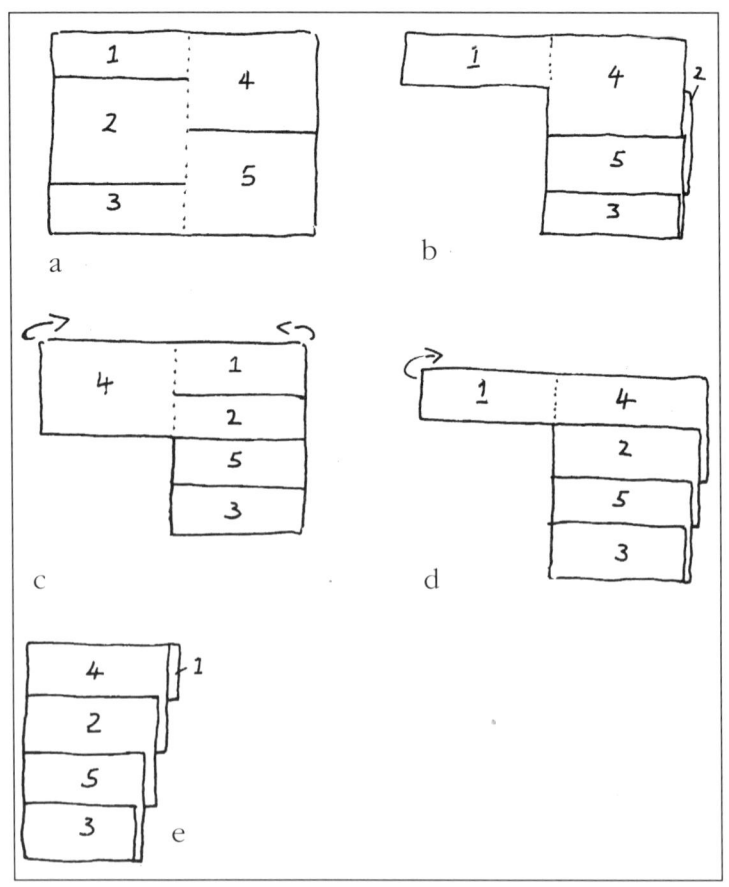

그림 6-29 방법 2

1. A4 복사용지를(풍경화 방향으로 놓은 다음) 수직으로 접고

   그림 6-29a에 나온 대로 조각을 자른다.

2. 조각 5 위로 조각 3을 접고, 조각 4와 5 아래로 조각 2를 접는다

   (그림 6-29b 참조).

3. 조각 4를 왼쪽 위로 접고, 조각 1을 오른쪽 아래로 접는다(그림 6-29c 참조).

4. 조각 4를 조각 1과 2 아래로 접고, 조각 1을 왼쪽 위로 접는다

   (그림 6-29d 참조).

5. 마지막으로 조각 1을 조각 4 아래로 접는다(그림 6-29e 참조).

(원한다면 일러스트가 완성되었을 때 조각 1의 뒷면을 바닥에 붙일 수 있다).

이제 한 장면에 높이가 다양한 그림을 그려야 한다. 예를 들어 전경에 문과 울타리, 가까운 중경에 정원, 먼 중경에 가게, 페이지의 상단을 차지하는 원경에 철도를 그릴 수 있다(그림 6-30 참조). 원경을 화면의 상단으로 밀어냄으로써 전경과 중경의 시야가 트인다. 이것은 그림의 배경 상황에서 그림이 재미있는 이야기가 되게 하는 한 방법이다. 각 공간의 층은 한 장소를 구성한다. 모양들 사이의 공간들을 오림으로써 다음 층 아래에 무엇이 있는지 드러난다.

그림 6-30 열 살 된 케이티의 「모자가게」에 나오는 접은 종이 일러스트

실내 그리기

성당의 내부는 예술가들에게 실외 장면만큼 많은 깊이를 제공해 준다. 그러나 거실이나 부엌처럼 평범한 실내는 상대적으로 공간적 깊이가 짧다. 이런 경우 등장인물은 대개 방의 벽을 뒤로하고 정면에 앉아 있거나 서 있다. 그림 6-31에서 전경은 발명가의 작업대가 차지하고 있다. 수직 공간의 나머지 부분은 배경인 벽을 이룬다. 벽에 걸려 있는 병들이 죽 놓여 있는 선반이 관심을 끈다.

다음 장에서 보겠지만 원근법으로 탁자, 의자, 찬장을 그리는 것은 어린 일러스트레이터들에게는 어려운 문제이다. 그러므로 실내에 있는 물건들을 대개 정면에 있는 것처럼 그려서 점점 멀어지는 사선이 필요로 하지 않는다.

장식이 많은 실내

아주 훌륭하게 디자인된 어린이 그림책에서 볼 수 있는 것처럼 정말로 재미있는 방의 내부를 그린 그림이 많다. 아는 것을 늘려 나가는 게임은 학급 전체가 방의 내부를 즉석에서 꾸며 보는 것이다. 바닥에 카펫을 깔 것인지, 깐다면 어떤 무늬가 좋을지, 찬장에는 무엇이 들어 있는지, 꽃병 같은 장식품들을 찬장 위에 올려놓을 것인지, 벽지 디자인은 어떻게 할 것인지, 벽에는 어떤 것들을 걸지 의논하는 것이다.

반 고흐는 초상화의 배경으로 고급스런 질감의 벽지를 그려 넣는 것을 좋아했다. 마치 궁정화가들이 귀족들의 초상화를 그릴 때 금으로 수를 놓은 차양과 휘장을 배경으로 하는 것처럼 말이다. 무늬와 질감은 일러스트에서 중요한 역할을 한다. 머리와 어깨의 윤곽을 따라 오리고, 그것을 배경 앞에서 접음(그림 6-32 참조)으로써 학생들은 인물과 배경을 모두 완전히 분리된 디자인으로 취급할 수 있다. 이 작업은 두 가지 종류의 일러스트가 한 화면에 그려지는 양식화된 일러스트로 발전할 수 있다.

그림 6-31 열 살 된 짐의 「디드슨 박사의 발명품」에 나오는 일러스트

정취가 있는 원근법

정취가 있는 원근법은 한 점에 모이는 선들과 겹쳐지는 모양들이 물체의 위치를 나타내는 데 도움을 주는 반면 볼 수 있는 세계에서 빛과 느낌이 실제

그림 6-32 일곱 살 된 헤리의 「아마존 왕」에 나오는 일러스트

로 있는 듯한 효과는 떨어진다. 20세기 초의 어린이 책 일러스트레이터들은 이 방식을 아주 잘 이용했다. 예를 들어 케이 닐슨의 별이 빛나는 하늘을 배경 삼아 성기게 그려진 나뭇가지나 아서 랙컴의 마법에 걸린, 대개는 불길한 지하 세계의 심연을 생각하면 된다. 그리고 이것은 오늘날에도 『하나의 세계』(1990)에서 인상주의적인 수채화 물감의 엷은 색조로 그려진 마이클 포먼의 일러스트에서 그대로 볼 수 있다.

그림 6-33에서 열 살 된 나탈리는 달빛에 비친 숲의 분위기를 잘 그려내고 있다. 이 이야기의 주인공인 데이비드는 왼쪽 끝에 아주 작게 그려져 있다. 반면에 오른쪽 끝에는 의인화된 달이 꽤 큰 공간을 차지한다. 나탈리는 펼침면 전체를 이용해 공간의 환상을 크게 했다. 데이비드의 작은 램프에서 나오는 빛은 페이지 중간의 접히는 부분을 지나 목적지인 보름달의 둥근 원까지 넓게 퍼져 나간다. 공간적 역동성은 페이지가 실제보다 더 커 보일 정도로 종이가 확대돼 보이게 한다. 데이비드가 자리 잡고 있는 작은 언덕의 어둠은

그림 6-33 열 살 된 나탈리의 「세계가 잠들 때」에 나오는 일러스트

램프에서 나오는 빛으로 뒤덮인 것 같아 보이는 중경의 넓고 텅 빈 공간을 두드러져 보이게 한다.

아이들의 일러스트 살펴보기

일반적인 회화 구성 형태와 구조를 이해하는 것과 특별히 아이들의 그림 그리기의 심리를 이해하는 것은 일러스트를 가르치는 데 반드시 필요하다. 왜 어떤 아이가 일러스트 '작업'을 하는 데 실패했는지 이해하도록 해줄 수 있다. 베티 에드워즈(1989)는 아이들이 그림을 그리는 데 타고난 디자인 감각을 가지고 있고, 그림에 있는 어떤 인물이나 물체를 없앤다면 그 그림은 잘못된 것처럼 보일 것이라고 지적한다. 이는 확실히 맞는 말이다. 그러나 그들이 예술적인 면에서 발전할 때 그림 구성에 관한 지식과 경험을 지도해 줄 필요가 있다.

그림에서 텅 빈 공간이 균형 잡힌 얼굴이 될 수 있고, 혹은 뭔가가 없어진 구명의 느낌을 줄 수도 있다는 것을 우리는 알게 되었다. 그러나 규칙이란 깨질 수 있고, 그림은 계속해서 만들어질 수 있다. 주제가 되는 사안들과 우리가 맺는 관계 같은 다른 요인들이 구조적인 모순을 메워 줄 수 있다. 그러므로 그림을 그릴 때 규칙의 많은 부분은 직관적이다. 그러나 이미 만들어진 이론의 짜임새를 이해한다는 것은 그림이 어떻게 본문을 설명해 줄 것인가에 관한 지식을 심화시킨다. 이야기가 되는 일러스트를 연이어 그려내는 일이 좋은 이야기를 쓰는 것만큼 복잡하고, 지적으로 까다롭고 성취감을 주는 일이 될 수 있다는 것을 알게 될 것이다.

원근법은…… 아름답다. 일단 기본적인 원칙을 익히고 나면
원근법이 훨씬 더 자신 있게 그림을 그리는 데 도움이 되고,
한편으로 재미있는 새로운 세계와 이전에는 생각지도 못했던 내용이
펼쳐진다는 것을 알게 될 것이다.

– 안젤라 게어

7

원근법 표현하기

아홉 살, 열 살 된 아이들로 이루어진 모둠과 확장된 메이킹북 프로젝트를 시작하면서(이 프로젝트는 3년 이상 계속되었다) 나는 학생들에게 내용이 없는 아코디언 책 한 권씩을 주고, 일러스트가 들어간 이야기를 만들어 책을 채우라고 했다. 우리는 가능한 레이아웃에 대해 이야기를 나누고, 출판된 그림책들도 찾아본 다음 작업에 들어갔다.

스티븐은 「우주선」이라는 책을 만들었는데, 그림 7-1에 이 책의 펼침면으로 된 두 페이지가 실려 있다. 스티븐은 처음에는 자신이 선택한 페이지 아무데나 이야기를 썼다. 다소 별나게 스티븐은 가운데 공간을 선택했다. 이 다섯 페이지짜리 책에서 주인공인 댄은 숲 사이를 걷다가 우주선을 발견한다. 우주선 안으로 들어간 댄은 제어판 위에 있는 손잡이를 당긴다. 우주선이 이륙한다. 그는 우주로 여행을 한다. 그리고 집으로 돌아오기 전에 달에 내려 외계인 친구를 사귄다.

스티븐의 이야기는 독창적이지는 않지만 미숙하나마 '형태'가 있다. 디자인에서나 사건에서나 스티븐은 이야기가 들어가는 다섯 부분들을 들어간 글의 양이 대강 비슷하게 유지했다. 이렇게 한 것이 페이지의 모양이 균형 잡혀 보이게 만든다. 글이 짧기 때문에 일러스트가 들어갈 자리가 넉넉하다.

그러나 일러스트가 본문을 돋보이게 하거나 독창적인 그림으로 눈을 즐겁게 해주는 역할은 전혀 하지 못하고 있다. 처음 나오는 두 개의 일러스트는 페이지의 도식적인 공간 분할, 어린 학생들에게서 볼 수 있는 특징 이상은 아니다. 나무 모양은 배경으로써 중경에서 하늘을 지지하고 있다기보다는 하늘을 받치고 있는 것 같아 보인다. 그리고 그다지 빛이 나지 않는 댄은 기선에 서 있다. 스티븐은 아직 공간적인 방식으로 생각하는 것이다.

설득력이 떨어지는 스토리는 글쓰기와 일러스트의 전개를 방해한다. 스티븐

어느 날 댄은 숲속으로 산책하러 갔는데, 그때 우주선까지 가게 되었다. 그는 우주선 위로 올라가자 문이 열려 안으로 들어갔다. 그러자 문이 닫혔다. 댄이 조종간을 밀었더니 우주선에서 소음이 일었다.

그림 7-1 스티븐의 처음 만든 책 「우주선」에 나오는 펼침면

의 그림은 다소 생기가 없다. 그림과 관련된 경험이 제한되어 있기도 하지만 한편으로 이야기의 내용이 제공하는 정보가 적기 때문이기도 하다.

그림 7-2는 게리가 만든 첫 아코디언 책에 나오는 펼침면이다. 원근법이 가지는 일반적인 문제들이 명백하게 나타난다. 물건들이 상자와 유령을 제외하고는 모두 기선에 있다. 이것은 페이지의 절반이 아무런 사건 없이 비어 있다는 것을 의미한다. 그러니까 사람들의 시선을 사로잡는 데 실패하고 있다.

스티븐의 두 번째 책인 「도둑」(그림 7-3 참조)은 「우주선」을 만든 직후에 곧바로 만들어졌다. 두 책을 보고 있으면 아마도 두 번째 책이 첫 번째 것보다 1년이나 2년 후에 만들어졌을 거라고 추측할 수도 있다. 게리의 두 번째 책 (그림 7-4 참조)에서 적극적인 그림 구성은 보는 사람의 관심을 끌 뿐 아니라

그림 7-2 게리의 첫 번째 아코디언 책 「유령이 나오는 집」에 나오는 펼침면

어느 날 케빈이라는 한 소년이 있었다. 셔우드 가 63번지에 있는 집에서 살았다. 그는 고미다락방에 있었을 때 박스 뒤에서 나는 소음을 들었다. 그쪽을 쳐다보니 유령이 있었다. 그는 아래층으로 달려 내려가 엄마에게 갔다. 그는 약 30분 동안 유령을 생각했다. 그러고 나서 다시 고미다락방으로 올라갔다. 안으로 들어갔더니 유령이 말했다. "안녕, 내 이름은 고스티야. 네 이름은 뭐니?" "케빈이라고 해." 하고 대답했다. "여기 다락방에서 뭐하니? 나는 여기에 있은 지 1년 되었어."

도둑이 물건을 훔쳐서 생활하지만 바이올린을 잘 연주하는 그의 다른 일면에 대해 설명하고 있다.

그림 7-3 스티븐의 이야기 「도둑」에 나오는 펼침면

> 빌은 바이올린을 연주하고 있다. 어느날 그는 쿵하고 무언가 부딪히는 소리가 들렸다. 그는 왜 그런지 알아보러 위층으로 올라갔다.

그림 7-4 게리의 두 번째 책, 「위층에서 들리는 음악」에 나오는 펼침면

원근법 표현하기 · 173

빌의 정체와 그가 자기네 위층 아파트에 들어가게 된 의도가 무엇인지 알아보고 싶은 마음이 들게 한다. 어떻게 이런 발전이 이루어졌을까?

장면 만들기

모둠을 만들어 작업을 시작할 때 기본적인 견본으로 콜린 맥노튼의 그림책 『천장을 두들기는 저 사람은 누구지?』(1992)를 사용했다.

맥노튼은 오른쪽에서 왼쪽으로 페이지를 넘기는 방식이 아니라 위로 들어 올리도록 책을 디자인했다. 이것이 새로운 기법은 아니지만 이야기의 무대인 고층 아파트 건물의 모습을 충실히 보여 주는 시각적 장치이다. 1층을 배경으로 하는 페이지 1은 화가 나서 거실 천장을 향해 주먹질을 하는 맹키 부인과 위층에서 들려오는 소음을 보여 준다. 그 위에 있는 페이지(아파트 위층이 그려져 있는)는 소음이 팡당고 춤을 추는 공룡 때문이란 것을 알려 준다. 나머지 스물여섯 페이지가 층마다 위로 올라가면서 원인과 결과가 나오는 유쾌한 방식으로 이어진다. 이야기가 절정을 이루는 것은 접어 넣은 페이지 방식으로 만들어진 네 페이지인데, 지붕에서 탭댄스를 추는 킹콩이 등장한다.

주제 정하기

나는 옆으로 넘기는 방식이 아니라 페이지를(달력처럼) 위로 넘기게 되어 있는 아코디언 책을 나누어 주었다. 그런 다음 학생들에게 이렇게 수직적인 진행을 하는 이야기를 생각해 보라고 했다.

나는 학생들에게 미니어처 바이올린도 보여 주었다. 그리고 그것을 상자 안에 집어넣고, 학생들에게 인물을 하나 만들고, 그 인물을 둘러싼 이야기를 꾸며 보라고 했다. 그들이 만들어 낸 인물은 누구인가? 이름은 무엇인가? 주변 환경은 어떤가? 인물은 무엇을 하고 싶어하는가? 그 인물이 사는 아파트는 어떻게 생겼는가? 맥노튼의 책 첫 페이지에 나오는 맹키 부인의 아파트

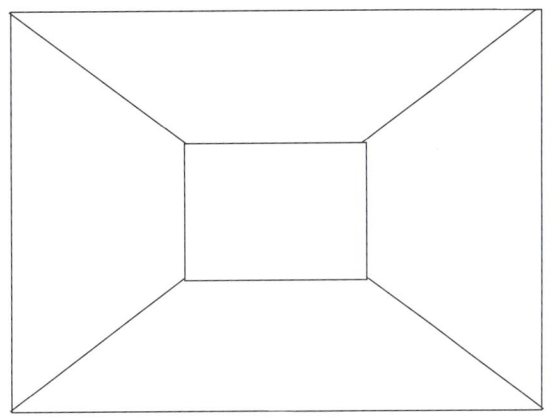

그림 7-5 정육면체로 된 실내 원근법

가 맹키 부인이 고양이를 광적으로 좋아하는 사람임(아파트 안 여기저기에 고양이들과 고양이 그림들이 있다)을 알려 주는 것처럼 학생들이 그린 일러스트가 주인공이 좋아하는 것은 무엇인지, 생활 습관은 어떤지, 어떤 것에 관심을 갖는지 알려 줄 수 있는가?

페이지 레이아웃 선택하기

인물에 대한 상황을 설정하는 단계는 이야기가 전개될 페이지 디자인을 배치하는 다음 단계로 나아가는 데 반드시 필요한 준비 단계이다. 우리는 첫 번째 페이지에 줄거리를 설정하는 데 중요한 일러스트를 페이지 전체에 넣기로 했다.

첫 번째 비어 있는 페이지에 정육면체의 실내를 원근법을 이용해 연필로 연하게 그리게 했다(그림 7-5 참조). 그런 다음 보는 사람이 하나의 소실점이 있는 선 안에 서 있는 한 점에 모이는 원근법(그림 7-6 참조)에 관해 이야기를 나누었다. 이 점은 그림의 공간 안이나 밖 어디에나 있을 수 있다(그림 7-6에 나오는 세 가지 예에서 볼 수 있는 소실점들은 모두 그림이 그려지는 공간 안에 있다). 이 수평선을 더 낮은 데서 더 높은 곳으로 움직이면 보는 사람은 그려

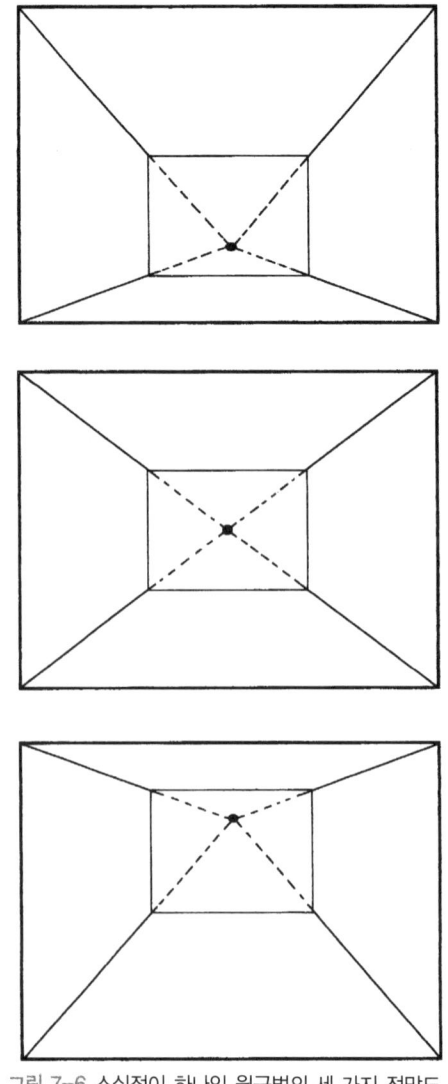

그림 7-6 소실점이 하나인 원근법의 세 가지 전망도

진 것보다 더 높아 보이거나 아래에 있는 것처럼 보인다. 이 상자를 지시 메시지로 가지고 있으면 아이들이 물건과 공간적 깊이로 물러서는 배경을 그리는 데 도움이 된다.

스티븐(그림 7-3)은 이것을 적절하게 잘 사용하고 있다. 벽난로의 윗부분처럼 테이블의 면이 소실점 방향으로 물러서 있다. 게리(그림 7-4)는 이 부분에서 그다지 성공적이지 못하다. 게리는 원근법의 사선들을 붙잡지 못하는 것 같다. 모든 물체들을 정면에 그리고 있다(텔레비전은 공중에 떠 있는 것처럼 보인다).

(물론 우리는 복잡한 과학적 기준을 미학적 관심사에 적용하고 있다. 이 아이들은 가능한 한 만족스러운 그림 그리기를 위한 구성을 배우는 중이다. 이런 식으로 사물을 보는 새로운 방식을 시행착오를 거치면서 점차로 배워야 한다. 그러나 잘못을 저질렀다면 어떻게 수정할 수 있을지도 알아야 한다.)

그 다음에 나는 학생들 중 한 명에게 장난감 바이올린을 들고 연주하는 자세로 서 있는 모델이 되게 했다. 그리고 의상에 관해 의논했다. 천의 무늬, 다양한 위치에서 몸에 걸친 옷이 늘어진 모양, 귀고리나 목걸이 같은 액세서리, 신발과 구두끈에 대해 이야기를 나눴다. 모델이 무슨 옷을 입고 있느냐보다 이런 부분의 아이디어를 이용하라고 학생들에게 권유했다.

그런 다음 나는 마지막으로 문, 창문, 선반, 찬장, 벽지, 책, 그림, 상자, 꽃병, 화분이 있는 방을 디자인하는 과제를 제시했다.

다음 수업 시간에 우리는 집중해서 책의 두 번째 페이지에 들어갈 이야기를 만드는 작업을 시작했다. 두 번째 페이지는 페이지 전체에 글이 들어갈 수도 있고, 절반에는 글을 쓰고, 절반에는 일러스트를 결합할 수도 있다. 스티븐의 주인공은 자신의 아파트 위층에 사는 사람들의 물건을 훔쳐서 파는 도둑이다. 공교롭게도 스티븐은 자신의 두 번째 페이지에 들어간 본문과 관련된 첫 번째 일러스트를 거의 그대로 그리고 있다.

글로 말하는 것, 그림이 보여 주는 것

스콧은 평범하지 않은 작가이자 일러스트레이터이다. 그는 본능적으로 책 방식으로 생각한다. 스콧의 책 「유토피아」를 그림 7-7에 전부 실었다. 1페이지에서 주인공 한스 켈러는 바이올린을 연주하고 있다. 그는 2페이지에서 열쇠 하나를 발견하는데 그 열쇠가 '굉장한 힘'으로 그를 집의 꼭대기에 있는 발코니까지 데려다준다(3페이지). 이곳에는 '석회암으로 둘러싸인 단단한 바깥문이' 있는데 한스는 가지고 간 열쇠로 문을 연다. 문을 열자 장관이 펼쳐진다. 다음에 나오는 세 페이지는 그 풍경을 지나 계속되는 여행을 그리고 있다. 4페이지에서 한스는 나무 사이로 난 길을 걷고 있다. 그 길을 계속 가다가(5페이지) 그는 강을 가로지르는 다리를 건넌다. 그리고 마침내 그는 탑에 다다른다(6페이지). 이 멀리 있는 풍경은 확대되어 있어서 3페이지에서 표현한 것들을 자세하게 볼 수 있다. 날아다니는 이상한 생명체가 길에서 나타나고 탑과 생명체가 등장함으로써 이야기는 갈등 국면으로 치닫는다. 이 갈등은 스콧이 다음해에 글을 쓰고, 일러스트를 그린 속편(그림 7-8 참조)에서 해결된다.

연속성을 가지는 공간/시간에서 미술은 공간을 표현하기에는 적당하지만 시간을 암시하는 데는 적절하지 않다. 언어는 또 다른 원만한 방법이다. 스콧의 이야기에서 한스는 발코니로 이어지는 계단을 올라간다. 이야기를 읽을 때 시간이 흐르면서 진행되는 여행을 우리는 마음으로 그려 본다. 하지만 일러스트는 여행의 한 순간 – 한스는 계단의 중간쯤에 있다 – 만 기록할 수 있을 뿐이다. 글은 역사적인 자료(예를 들어 한스는 기분 전환을 위해 바이올린을 연주한다)와 청각적 이미지(예를 들어 베토벤의 「전원 교향곡」을 연주하는 것)를 효과적으로 묘사한다. 미술은 이런 차원에서 모두 약하다. 하지만 물질적인 상황을 시각적으로 표현하는 데에는 강점을 가지고 있다. 방의 내부를 말로 표현하는 것을 읽거나 들으면 우리는 자신만의 디자인으로 물건들을 배치해야 한다. "벽에 그림이 있어요"라는 말은 우리가 상상하는 벽에 임의대로 그림을 배치하도록 한다. 미술의 장점은 특정한 벽지 디자인과 가벼운 설비들이 있는 바로 그 방이 2차원의 공간적 환영의 '리얼리티' 안에서 재현될 수 있다는 것이다. 그림과 언어를 융화시키는 것은 표현이 풍부한 반응을 증대

> 한스 켈러는 기분 전환을 위해 바이올린을 연주하고 있다. 그는 프리츠라는 개에게 「전원 교향곡」을 들려주었다. 프리츠는 이 음악을 들었을 때 완전히 몰두해 있었다. 이 특별한 날 한스는 그의 연주와는 달랐다. 그는 책장 위에 있는 금으로 장식된 열쇠를 발견했다. 그가 열쇠를 손에 쥐자 굉장한 힘이 그를 집의 꼭대기에 있는 발코니까지 데려다주었다.

그림 7-7 스콧의 「유토피아」 중 1부

한스가 발코니까지 발걸음을 떼자 석회암으로 둘러싸인 단단한 바깥문이 나타났다. 한스는 책장에서 발견한 열쇠로 문을 열었다. 문을 열자 굉장한 장관이 나타났다.

When Hans stepped out onto the balcony the image of a solid oak door surrounded by limestone carved with patterns appeared. The force attracting the key increased. It was drawn to a huge gold padlock on the door like a magnet.
The key left Hans grip and unlocked the doors which opened majestically to reveal a stupendous sight. Strong beams of sunlight streamed down through an avenue of tall poplar trees. A sweet scent wafted through the fresh air. A cobbled path invited Hans to follow it.

그림 7-7b 계속

밝은 빛을 띤 원시 생물이 나무에서 한스 쪽으로 단숨에 내려갔다. 한스가 놀랍게도 그 새는 말하기 시작했다. "나를 따라와요. 유토피아로 안내하라고 나를 보냈어요." 한스는 언덕으로 난 길을 따라 걸었다. 한스는 멀리 바라보니 언덕 위에 탑을 볼 수 있었다. 한스는 탑으로 가던 중 둥글게 만든 돌다리를 건너야 했다. 그는 멈추고 크리스탈 빛 푸른 시내를 바라보았다. 물 속에는 빛깔 찬란한 열대어들이 휘젓고 다녔다. 한스가 놀랍게도 어떤 물고기는 날기 시작했다.

한스는 마침내 언덕 위에 있는 탑에 다다랐다. 그는 문이 닫혀 있는 것을 발견했다. 원시 생물이 그에게로 날아와서 금으로 장식된 열쇠를 떨어뜨려 주었다. 한스가 도착하고 나서 닫힌 문을 열면 또 다른 모험이 펼쳐질 것이다.

그림 7-7c 계속

하고, 애매한 것을 확실하게 하는 데 도움을 준다.

「유토피아」의 첫 번째 부분에서 색칠한 부분과 연필로만 그린 부분으로 나누어져 있는 공간들은 비슷한 색조의 효과를 낸다. 그림은 평면적이고 날카로움이 없다. 하지만 잉크로 그린 선 작업은 물체의 중요한 모양을 강조할 수 있다. 끊이지 않고 이어진 두껍고 검은 모양 주변의 가장자리는 물건들의 생동감을 떨어뜨리는 경향이 있다(마치 오려낸 것처럼 보인다). 그래서 선 작업의 기술은 선이 없는 것만큼이나 선 자체와도 관련 있다. 펜을 쓸 때 주는 힘으로 선의 질을 조절한다. 그러므로 멀리 있는 물체들을 화면을 대부분 차지하는 가까이 있는 것들보다 더 연하게 그려야 한다.

맥노튼의 일러스트에서 보는 것처럼 전문가의 경우에는 이런 기교들은 쉬워 보인다. (그런데 『천장을 두들기는 저 사람은 누구지?』에서 그는 군청색 잉크로 선 작업을 하고 있다. 그리고 이것은 기분 좋게 모양의 질감을 온화하게 해준다.) 「유토피아」의 속편에서 스콧은 검정색 펠트 펜을 사용하고 있다. 처음에 그는 조심스럽게 모양을 강조하는 데 사용한다. 그리고 그려지는 거의 모든 물체에 윤곽을 그리는 일반적인 실수를 한다(세 번째 일러스트에 나오는 구름은 이런 방식으로 그려진 것 때문에 특히 부자연스러워 보인다). 하지만 마지막 일러스트(방의 내부)를 그릴 무렵에는 펜을 가볍게 쥐고 있다(마룻바닥의 나뭇결을 주의해서 보아야 한다). 처음 작업을 시작할 때에 비해 대단히 좋아졌지만 그는 여전히 선을 사용한 원근법으로 어렵게 작업하고 있다.

두 번째 부분에 나오는 이야기는 첫 번째 부분의 이야기가 끝나는 지점에서 계속된다.

> 언덕 꼭대기에 있는 탑에 이르렀을 때 한스 켈러는 열쇠를 꺼냈다. 한스는 열쇠를 자물쇠에 꽂고 돌려보았다. 자물쇠가 심하게 녹이 슬어 있는 것으로 봐서 몇 백 년 동안 아무도 탑 안으로 들어간 사람이 없다는 것을 짐작할 수 있었다…….

Having reached the tower at the top of the hill Hans Keller took the key from the archeopteryx which had led him through Utopia thus far. Hans put the key in the lock and tried to turn it. The lock was very rusty and Hans realized that nobody had entered the tower for centuries. The door creaked slowly open in need of oil. Hans found himself inside a very ancient room. He stood on a stone flagged floor which was cold and grey. A rug woven with a coat of arms covered part of the floor. Hans noticed the same coat of arms on the wall and on the ceiling. The only furniture in the room was a desk and chair made of ash wood. A quill and a piece of parchment paper with a wax seal on it were waiting for a letter to be written. The back of the chair was engraved with gold and the seat was covered with a red velvet cushion. The walls were covered with oak panelling and a tapestry of an unarmed Knight hung on the wall. Portraits of men caring for birds in golden frames also hung on the wall. Broken swords which could no longer be used in fighting hung alongside disused armour. The ceiling above Hans was very ornate and made of plaster. A spiral staircase made of stone steps led Hans to a room at the top of the tower. The way was lit by burning torches.

When Hans got to the room at the top of the tower it looked to Hans like that of an inventor. The room had a terracotta floor and a stone grey wall. The ceiling consisted of wooden beams. A huge spider hung from its web. The wall was covered with plans and designs by the inventor. One of the plans was of a flying machine. In the middle of the floor was a tea chest full of the parts to make the flying machine. Hans studied the plans and assembled the parts. Also in the box he found instructions how to convert the window shutters into a runway. Hans made the runway, sat in the flying machine and with the golden key turned on the engine.

그림 7-8 스콧의 「유토피아」의 속편

언덕 꼭대기에 있는 탑에 이르렀을 때 한스 켈러는 그를 유토피아로 데려다준 원시 생물이 떨어뜨린 열쇠를 꺼냈다. 한스는 열쇠를 자물쇠에 꽂고 돌려보았다. 자물쇠가 심하게 녹슬어 있는 것으로 봐서 몇 백 년 동안 아무도 탑 안으로 들어간 사람이 없다는 것을 짐작할 수 있었다. 탑 꼭대기에 테라코타 바닥 타일이 깔린 방이 있다. 그리고 방에는 비행 기계를 만드는 부품들이 가득 담긴 상자가 하나 있다. 한스는 그것을 조립하고, 유리창의 덧문으로 통하는 활주로를 만든다. 그는 비행 기계에 올라가 창문을 통해 이륙한다.

그림 7-8b 계속

The propeller began to rotate and the flying machine took off up the runway and out of the tower window. The archaeoptryx led Hans out of the tower window. The archaeoptryx led Hans out of Utopia. Whilst over the sea a storm began. A vortex sucked Hans out of his flying machine. Hans felt dizzy as he spun around. Eventually the spinning stopped and Hans found himself back on the balcony of his house. He held the golden key in his hand.

Inspired by all he had experienced in Utopia Hans later wrote a violin concerto which he entitled Utopia. Utopia made him rich and famous. Hans refurbished his home in the style of Utopia and comissoned an artist to paint a picture of an archaeopteryx for him. Hans mounted the golden key to this picture as he felt it was symbolic as the key to his imagination and success.

프로펠러가 돌기 시작하자 비행 기계는 창문을 떠나 날아올랐다. 원시 생물은 창문을 떠나도록 했고, 그래서 유토피아를 떠났다. 바다 너머에서 회오리 바람이 불기 시작했다. 회오리바람이 한스를 비행 기계에서 빨아내고, 자신의 집 발코니로 다시 돌아온 것을 알았다.

유토피아에서 경험한 것에 영감을 얻어 한스는 바이올린 협주곡을 쓸 준비를 한다.

유토피아는 그를 부유하고 유명하게 만들었다. 한스는 유토피아 스타일로 집을 새로 단장하고, 예술가에게 원시 생물 그림을 그려달라고 부탁했다. 한스는 금장식 열쇠를 이 그림에 끼워놓았다. 이 그림은 그에게 상상력과 성공을 알려준 열쇠로서 상징적이었다고 느꼈다.

그림 7-8c 계속

탑 꼭대기에 테라코타 바닥 타일이 깔린 방이 있다. 그리고 방에는 비행 기계를 만드는 부품들이 가득 담긴 상자가 하나 있다. 한스는 그것을 조립하고, 유리창의 덧문으로 통하는 활주로를 만든다. 그는 비행 기계에 올라가 창문을 통해 이륙한다.

세 번째 일러스트는 구름을 지나 길을 안내하는 원시 생물을 보여 준다. 하지만 회오리바람이 한스를 비행기에서 빨아내자 자신의 집 발코니로 다시 돌아온다. 맨 위에 있는 일러스트에서 자신의 집으로 돌아온 한스가 자신의 경험에서 영감을 얻어 바이올린 협주곡을 쓸 준비를 한다.

원근법 스케치

그림 7-9에 나오는 스콧의 원근법 스케치들은 내가 아이들의 특별한 모둠과 함께 작업했던 세 번째와 마지막 해에 그린 것이다. 이 스케치들은 그의 원근법을 이용한 데생이 얼마나 더 정밀한지 보여 준다. 스케치들은 모두 같은 소실점을 사용하고 있다. 하나는 바깥을, 나머지 둘은 실내를 그린 것이다. 스콧은 테라스가 붙은 집들이 늘어선 거리에서 문과 창문의 쑥 들어간 부분을 그리는 것이 특별히 어려운 작업이라는 것을 알고 있다.

그림 7-9 스콧의 원근법 스케치

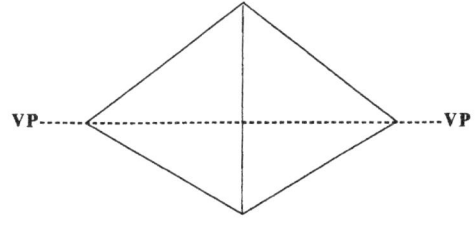

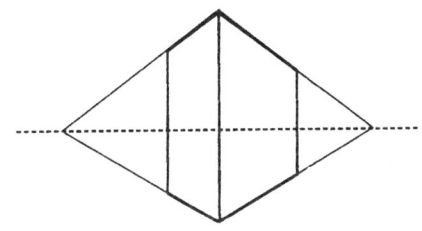

그림 7-10 소실점이 두 개인 원근법

두 점으로 모이는 원근법

한 점으로 모이는 원근법보다 더 3차원적으로 표현하기가 좋은 두 점으로 모이는 원근법에서는 두 개의 멀어져가는 평행선이 수평선 위의 소실점을 향하여 간다(그림 7-10 참조). 이런 식으로 공간을 표현하는 과학적 원리를 이해하게 될 때 아이들은 전문적인 일러스트레이터의 영역에 발을 들여 놓는 것이다. 이것은 중대한 진전이다. 소실점이 두 개인 원근법으로 발전하면서 아이들은 그림을 그릴 때 더 많은 정보를 담을 수 있다.

학생들에게 두 점으로 모이는 원근법을 가르치기 위해 나는 여섯 번 접은 아코디언 책을 나누어 주고, 세 구역으로 나누어진 바깥 장면 '시네마스코프' 두 개로 아코디언 책을 나누는 방법을 보여 주었다(그림 7-11 참조). 학생들은 각 세 페이지의 가운데 페이지에 가운데 소실점을 그리고, 세 페이지 전체를 지나도록 바깥쪽으로 퍼지는 안내선을 덧붙였다. 실제로 가운데 페이지는 소실점이 하나인 원근법 스케치가 되었다. 그런 때 그림 밖에 있는 소

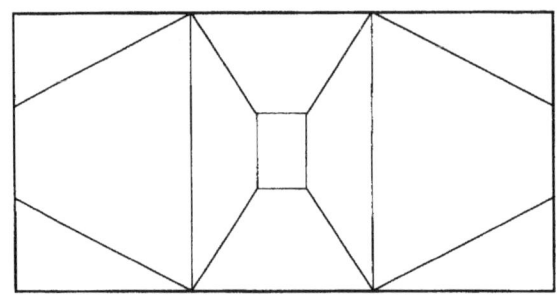
그림 7-11 바깥의 거리 장면을 그리기 위한 원근법 골격

실점을 향해 왼쪽, 오른쪽으로 확장된다.

첫 번째 일러스트의 주제는 현재의 거리이고, 두 번째 일러스트의 주제는 똑같은 거리의 미래였다. 각 일러스트는 가운데 있는 인물로 인해 하나로 이어지게 되었다. 학생들은 집이나 가게마다 안에 살고 있는 사람들, 그 사람들의 생계 수단, 취미 등을 만들어내고 표현하기도 했다. 이렇게 말로 하나하나 표현하는 과정은 그림에 어떤 것을 그릴지 아이디어를 주었다. 그렇게 함으로써 간단한 도시의 모습을 보여 주는 데생에서 아이들이 만들어 낸 생생한 인물들이 살고 있는 환경을 구상하는 과제로 옮겨갔다.

빅토리아식 장식에 대한 스콧의 애정은 그림 7-12에 나오는 일러스트에 그대로 반영되었다. 스콧은 연철 지붕, 고딕 양식의 차양, 장식이 많은 꼭대기 장식을 만들어 내고, 여러 가지 종류의 지붕 재료와 도로 포장용 조약돌들을 섭렵한다. 첫 번째 일러스트에서 오른쪽 면을 차지하는 기차역은 증기 기관차 시대의 장식물들로 가득 차 있다. 신호교, 신호소, 철교를 그 시대에 맞는 디자인으로 정확하게 만들어 내기 위해 많은 조사를 해야 했다. 왼쪽 면에 자리 잡은 포스터는 블랙풀 타워와 주말 특별 이벤트를 묘사한 일러스트 안의 일러스트이다.

두 번째 일러스트의 중앙에는 유전학적으로 만들어진 인물 잽이 자리 잡고 있다. 첨단 기술이 발달한 미래의 풍경은 상상 속에서 가까이 있는 것과, 중간 거리에 있는 것, 멀리 있는 것을 하나로 융합한다. 벽보는 '과거를 다시 체험하자'는 슬로건 아래 대도시 사이를 왕래하는 기관차를 보여 준다. 스콧은 대단한 상상력으로 예전의 건물들을 새로운 것으로 바꾸어 놓았다.

원근법과 글쓰기

시각적인 설득력은 대단히 강하다. 데생하는 기량이 늘면 그림의 수준만큼 이야기의 수준도 올리고 싶은 마음이 생긴다. 자신들의 '공간 상자' 일러스트를 통해서 자신감을 얻게 된 스티븐과 게리는 그 자신감을 바탕으로 이전에 만든 책들보다 더 매력 있는 글을 쓰게 되었다. 스콧의 작품에 자극받아 두 점으로 모이는 원근법을 이용해 테라스가 있는 복잡한 거리 장면을 그리고, 집과 집에 사는 사람들에 대해 자세한 설명이 붙은 이야기를 쓴다. (1부) "안녕 – 내 이름은 아서 잭슨이야……. 전쟁 이후로 나는 단 것을 아주 좋아하게 되었지. 엄마는 샘이 운영하는 가게에 나를 보내곤 해. 엄마가 호비스 로프를 사오라고 6펜스를 주시면……." (2부) "안녕 – 내 이름은 잽이야. 부모님은 나를 이렇게 불러. 난 Z.A.P.-600+X9 머신에서 유전학적으로 만들어졌기 때문이야……. 난 내 비행용 자전거를 타고 친구와 여행을 하고 있어. 우리는 밖에서 전기판 장화가 달린 나는 보드를 타고 놀아. 안에서는 행성 간 텔레포트 세트를 가지고 놀지. 유전학적으로 만들어진 존재로 태어나서 좋은 점은 학교에 가지 않아도 된다는 것이야……."

이런 이야기를 쓰는 공간이 제한되어 있다고는 하지만 이야기가 중심이 되는 토론과 말로 하는 분석은 전혀 제한받지 않았다.

책 방식

존 하산(1981)은 일러스트가 집합적인 의미만을 가진다고 주장한다. 단독으로 있는 일러스트가 미술 작품으로서 미적, 상징적 가치를 가지기도 한다.

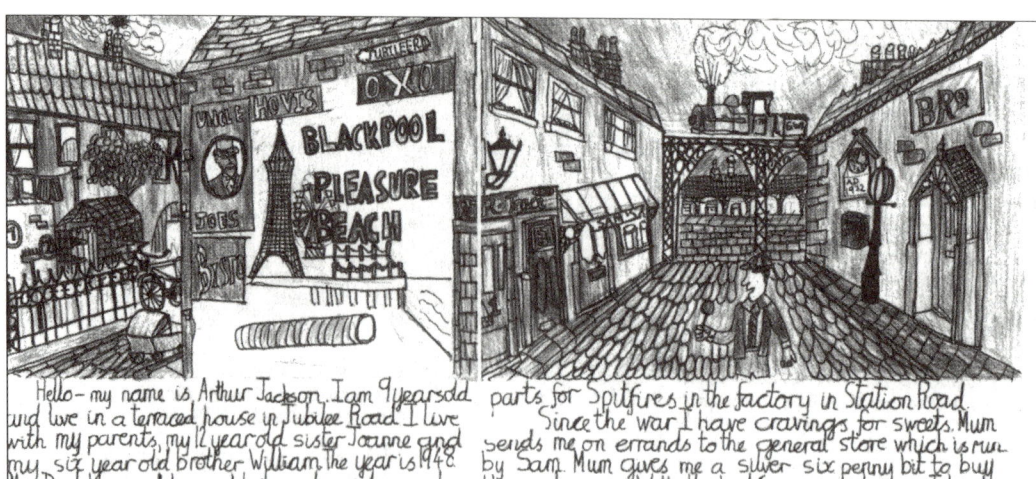

안녕. 내 이름은 아서 잭슨이야. 나는 아홉 살이고 주빌리 가에 있는 10에이커 넓이의 집에 살아. 나는 부모님, 열두 살 된 누이 제인과 여섯 살 된 동생 윌리엄과 함께 살아. 올해는 1948년이야. 아버지는 상이용사로 제대하여 직업을 가질 수 없어. 어머니는 스테이션 가에 있는 제조 공장에서 전투기 부품을 만드시지. 전쟁 이후로 나는 단 것을 아주 좋아하게 되었어. 엄마는 샘이 운영하는 가게에 나를 보내곤 해. 엄마가 호비스 로프를 사오라고 6펜스를 주시면 나는 반 페니를 주고 아니스 볼이나 테피 애플을 사지. 집으로 가는 길에 나는 건널목 옆에 서서 기관차가 지나가는 것을 보는 것과 역무원 잭과 이야기 나누는 것을 좋아해. 잭은 전쟁 중에 국토 방위군으로 복무한 이야기를 내게 들려주기를 좋아하지.

그림 7-12 스콧의 「주빌리 가」의 두 가지 판형

하지만 이것은 발전하는 전체의 부분으로 보아야 한다. 일러스트는 학교에서 가장 많이 이루어지는 미술 활동과는 다르다. 이것은 단순히 이야기와 나란히 전개되어야 한다는 것이 아니라 전체적인 개념이 그림 그리기의 생경함과는 다른 발전적인 전략을 요구한다는 것이다. 구상적인 그림이 공간적

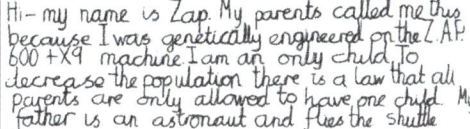

안녕. 내 이름은 잽이야. 부모님이 나를 이렇게 불러. 난 Z.A.P.-600+×9머신에서 유전학적으로 만들어졌기 때문이야. 나는 인구감소 정책으로 모든 부모는 아이를 하나만 낳아야 한다는 법에 따라 생긴 독자야. 아버지는 우주비행사인데 지구와 토성을 오가는 우주선을 몰고 있어. 엄마는 행성 간 커뮤니케이션 네트워크에서 전화 교환원으로 일해. 우리는 주택지구 10층 아파트에서 살고 있어. 난 내 비행용 자전거를 타고 친구와 여행을 하고 있어. 우리는 밖에서 전기판 장화가 달린 나는 보트를 타고 놀아. 안에서는 행성간 텔레포트 세트를 가지고 놀지. 유전학적으로 만들어진 존재로 태어나서 좋은 점은 학교에 가지 않아도 된다는 것이야.

그림 7-12b 계속

인 영역 안에서 '이야기를 말하고' 한 가지 요점에서 다른 것으로 시선을 끌기 위해 온갖 방법을 동원하는 데 반해 일러스트는 직선적인 방식으로 이야기를 풀어 나간다. 그래서 그림들은 마음에 떠올리는 시간을 통해 변화된다. 이것은 영화 필름에서 나온 스틸 사진처럼 시간 속에 고정된 순간을 감지하는 것이 아니라 경험의 분리할 수 없는 연속을 붙잡는 것이다. 스콧의 작품이 이것을 잘 설명한다. 스콧은 원근법의 가능성들을 서서히 이해하는 과정을 통해 복잡한 이야기의 새로운 영역으로 옮겨가는 중이다.

 한 편의 글쓰기가 성공하느냐는 그것을 읽는 독자가
있는지 없는지에 따라 확실하게 판가름 나야 한다.
- 범국민 글쓰기 프로젝트(UK)

8 글과 그림 평가하기

직관적인 평가

이 책에서 내가 아이들의 일러스트레이터 역할에 대해 강조하고 있기는 하지만 책 만들기는 그림 그리기와 글쓰기 과정에 똑같이 영향을 미친다. 내가 학생들에게 책을 만들게 하는 가장 중요한 목적은 책의 실제적인 특질들이 요구하는 방식으로 글을 쓰는 방법을 학생들이 배우는 데 있다. 책 만들기의 모든 단계에 학생들이 성공적으로 다음 단계에 이를 수 있도록 고안된 본래 갖추어진 평가 과정이 있다. 그것이 없다면 책을 만족스럽게 마무리한다는 것은 불가능할 것이다.

책을 발표하는 일은 학생들의 글쓰기를 전문적으로 숙련된 수준으로 끌어올린다. 아이와 어른의 저작 능력을 질적으로 비교한다는 것이 적당한 일은 아니지만 아이 작가와 어른 작가 양쪽의 기초가 되는 조건들과 그에 따라서 평가 과정은 동일하다.

외부의 비평은 어른 작가, 아이 작가 모든 경우에서 파악된 진가에 영향을 미치는 반면 믿을 만한 독창적인 진술에 도달한 것은 적어도 어느 정도 직관적으로 얻은 것이다. 경험을 바탕으로 하는 우리들은 재료들을 표현이 살아나도록 다루어 왔다. 우리는 글쓰기나 일러스트가 언제 진가를 발휘하고, 언제 그렇지 않은지 느낌으로 안다. 우리는 우리 모두가 만족할 만하다고 느끼거나 버리거나 어느 쪽으로든 결과가 나올 때까지 아직 완성되지 않은 일을 열심히 한다.

아이들은 단계가 변함에 따라 이런 직관적인 평가 능력을 갖는다. 어떤 경우는 그런 능력이 거의 없고, 많은 경우에는 미발달된 상태이며, 또 다른 경우에는 아주 놀라운 단계에 이르기도 한다.

실제로 적용된 평가

교사들과 학생들이 성취한 과제를 평가하는 데 전적으로 타고난 통찰력에만 의존할 수 없기 때문에 학습의 발달과 진전의 연속성을 확인해 줄 수 있는 일반적인 지침을 확보하는 것이 유용하다.

교사가 관리하는 평가는 다음과 같은 것들을 포함하고 있다.

* 교사의 계획과 성과물 평가하기
* 학생들의 이해 정도와 성과물 평가하기
* 학생들이 자신들의 성과물과 기량을 평가할 수 있는 방법 보여 주기

교사의 계획과 성과물을 평가하기

북아트 창작물과 그것이 만들어지기까지 과정, 그리고 그것을 만들면서 학생들이 하는 행동을 평가하는 것은 한 학급이 실제적인 과제에 열성적으로 참여하는 독자, 작가, 일러스트레이터들의 공동체로 구성되어 있다는 것을

전제로 한다.

교사들은 글쓰기의 형태와 구조에 익숙해져야 한다. 그리고 그림 그리기의 기본적인 지식이 있어야 하고, 자신들이 학생들에게 기대하는 것이 무엇인지 명확하게 하는 데 이 지식을 활용할 줄 알아야 한다. "이것을 하기 위해 누군가 다른 사람에게 물어보기 전에 자기 스스로 해보라"는 말은 이런 상황에서 그리 나쁜 격언은 아니다.

교사들은 자신들의 성과물에 대해 다음과 같은 질문을 스스로에게 할 수도 있다.

* **글쓰기 전에 깊이 생각하는 시간을 주기 위한 수업을 준비했는가?** 나이 어린 작가들이 자신의 작품을 통해 어떤 반응을 끌어내길 원하는지 스스로에게 질문하는 거라면 이런 질문은 유용하다.

* **학생들이 특정 독자를 위해 글을 썼다는 것을 얼마나 확실하게 보장할 수 있는가?** 이야기에 대한 아이디어가 떠올랐을 때 학생들은 다음과 같이 질문해야 한다. 좋은 이야기는 어떻게 만들어지는가? '표현법'은 적절한가? 이 글을 읽고 싶어하는 사람은 있을까? 범국민 글쓰기 프로젝트(1990)는 단순한 서기의 기능과 관련된 본문에 대한 '수정'은 끊이지 않는 독자의 평가에서 비롯된 변화만큼 거의 유효하지 않다고 주장한다.

* **효율적인 작업 분위기를 만들어 주었는가?** 교실에서 연속적인 북아트 수업을 진행하기 위한 여러 가지 방법들이 있다. 전 학급의 아이들이 하나가 되게 하는 것과 소그룹 지도하기, '글쓰기 코너'를 활용하기, 사생 그리기 대회(적절한 때 의상을 입고), 큰 모둠과 작은 모둠으로 진행되는 토론을 통해 공동으로 글쓰기와 각자 글쓰기 과제를 알맞게 조절하기, 칠판으로 설명하기, 시각화된 게임을 도입하기 등의 방법이 있다. 교사들은 이야기 꾸미기에 동기 부여하기, 방법 토론하기, 사건의 전개 이끌어 내기, 연구 조사 추진하기, 단어 늘리

기, 팀워크가 형성되도록 도와주기, 자신감 북돋아 주기, 피드백이 이루어지도록 하기, 심사숙고하여 선택하게 하기, 비판적인 통찰력을 갖도록 하기에서 자신이 얼마나 성공하는지 스스로 평가해야 한다.

학생들의 이해 정도와 성과물 평가하기

마이라 바르와 질리언 존슨(1993)은 대조표가 아이들이 이루어 낸 결과물의 증거로 별 가치가 없다고 설명한다. 그들은 평가 모델(조형적인 것과 기준을 따른 것 모두 다)을 좋아한다. 평가 모델은 학생 개개인이 지금 발전하고 있음을 인지할 수 있게 하고, 교사가 학생이 다다른 단계를 확인할 수 있게 해 준다.

교사들은 학생들이 다음과 같은지 아닌지를 스스로 질문해 볼 수 있다.

* 자신의 발전을 평가할 능력이 있는가?
* 자신의 글쓰기와 일러스트를 촉진하는 데 기본적인 책 만들기를 활용하고 있는가?
* 글/그림 개념을 펼침면과 조화되도록 페이지를 이어가는 계획을 세우고 있는가?
* 글쓰기와 그림 그리기에 대한 건전한 자기 비판적인 태도를 확보하기 위해 공유하고 협력하는가?

거기에 더하여 교사들은 학생들의 다음과 같은 점을 평가할 수 있다.

* 그룹 창작과 토론에 얼마나 기여하는가?
* 공동 창작, 함께하는 편집과 평가, 책을 독자에게 소개하는 것과 관련된 개인적·사회적 기량은 어떤가?

* 이야기 구상하기, 페이지 레이아웃 디자인하기, 초고 쓰기, 편집하기, 수정하기, 마지막 초고를 책에 옮기기, 일러스트 그리기에서 발전성이 보이는가?

앤 바우어와 존 니컬스(1986)는 한 아이가 성취한 것과 성취하려고 시도하고 있는 것, 아직 할 수 없는 것 사이에서 중용을 취하기보다는 교정이라는 관점에서 어린아이들의 글에만 나타나는 여전히 퍼져 있는 반복적인 훈련을 문제 삼고 있다. 아이들이 그렇게 하는 이유가 있는 한 되풀이 사용되는 글쓰기의 본성이 일반적으로 뒤이어 세련된 글이 나오게 한다는 것을 보여 주는 명백한 증거가 있다.

발전 단계를 평가할 때 가장 중요한 것은 아이들이 글쓰기와 미술에서 거치는 발달 단계를 교사들이 알아야 한다는 점이다. (예를 들어 6장과 7장은 아이들이 어떻게 기본적인 공간 계획에서 소실점이 두 개인 원근법으로 발전해 가는지 보여 준다.) 아이들은 단계를 뛰어넘을 수는 없고, 한 단계에서 다음 단계로 서서히 변한다. 아이가 발달의 사다리에서 다음 가로대로 올라설 수 있게 하려면 아이의 인지 수준과 다른 특별한 지식이나 아이가 가지고 있을지도 모르는 사회적인 어려움을 교사들이 알아야 한다.

학생들이 자신들의 성과물과 기량을 평가할 수 있는 방법 보여 주기

아이들은 글쓰기와 시각적인 면 모두에서 발달을 이루는 사건에 기초를 둔 실전을 통해 자신의 기량을 평가한다. 레슬리 웡 잔(1991)은 작업 일지와 일기, 그리고 동료들, 어린아이들, 교사들과 부모들이 모두 참여하여 영향을 미치는 질문처럼 학생의 다양한 기록 보관 방법을 논의한다. 일기를 쓰면서 아이들은 자신의 글쓰기를 다시 생각할 수 있고, 다른 사람의 아이디어에 반응을 나타낼 수 있다. 조사 연구를 위한 질문표를 통해서 학생들에게 글쓰기에서 뭘 어렵게 생각하고, 뭘 쉽게 생각하는지, 장점과 단점은 어떤 것인지 물을 수 있다. 그리고 학생들이 어떻게 자신의 글쓰는 스타일을 개선해 나갈지 보다 면밀하게 살필 수도 있다. 아이들은 자신의 작품과 동료의 작품에 대해 비판적으로 논평할 수도 있고, 자신의 글쓰기를 자신이 좋아하는 작가의 작품과 연결지어 토론할 수도 있다.

기본형 책 만들기의 장점에는 쉽게 접근할 수 있다. 우선 학생들이 상대적으로 쉽게 자신의 방식을 찾을 수 있다. 그리고 실패가 성공과 동일한 것임을 증명할 수 있다. 학생들이 북아트의 발달 단계에 따라 발전할 때 아이들은 다음과 같은 자신들의 기량에 대한 자신감이 커져가는 것을 놓고 토론할 수 있어야 한다.

- * 책 형태에 맞는 이야기 이어가기
- * 한 문장이나 하나의 에피소드가 되는 여러 문장들을 명확하게 쓰고 다듬기
- * 등장인물, 갈등, 클라이맥스, 갈등 해소가 상상력이 풍부하고 설득력 있게 구성되도록 이야기 꾸미기
- * 멋진 필체 스타일을 훈련하거나 자신 있게 글쓰기
- * 글쓰기에서 기본적인 서기와 관련된 기량 습득하기

미술에 관한 평가는 미술 작업이 무엇인지 정의하는 철학적인 어려움과 그것의 주관성 때문에 다루기가 쉽지 않다. 마거릿 모건(1988)은 시각적 자원에 대한 아이들의 반응, 관찰에 입각해 아이들의 기량의 우수성, 방법을 익히는 장단점, 학생들이 자료들을 가지고 시도하고, 문제를 풀어가는 방법을 묘사한 기록을 담은 몇 가지 유용한 지침을 만들었다. 롭 반스(1987)는 자신의 시각 미술 평가 모델 안에 삽화에 대한 감정 이입에 의한 반응, 아이디어에 대한 확실한 토론, 주변에 대한 예리한 관찰, 기교가 뛰어난 단어들에 대

한 자신 있는 사용을 포함하고 있다. 이런 종류의 기록들은 학생들이 그것들을 보관하는 일과 관련되어 있다면 특히 유용하다. 발전을 확인하고, 변화를 제안하는 것은 그런 때 두 가지 방식의 과정이 된다.

물론 일러스트 그리기는 더 넓은 예술의 그림 만들기 환경에서 자기만의 기준을 가지고 있다. 나는 이 길로 너무 멀리 내려가지 않으려 한다. 이 책은 어른이나 아이나 다 같이 초보 일러스트레이터를 위한 책이기 때문이다. 5장과 6장에서는 구상적인 그림 그리기의 기본 요소, '성공적인' 그림을 구성하고 있는 것은 무엇이고, 이것이 어떻게 학생들의 그림 발달 단계와 관련 맺는지 간단하게 이야기하려고 한다. 일러스트는 그것이 동반하는 본문과 마찬가지로 형태와 내용을 가지고 있다. 그리고 본문처럼 비판적으로 평가할 수 있다. 미술 하는 사람들은 작가들이 사용하는 것과 같은 용어들, 그러니까 작문, 문법 같은 말들을 자주 사용한다. 하지만 물론 그런 용어들은 다른 것을 의미한다.

지속적인 북아트 경험을 통해 학생들은 다음과 같은 것들을 할 수 있어야 한다.

* 상상에 의한, 그리고 관찰에 의한 데생을 통해 자신을 표현할 수 있다.
* 생생한 이야기를 만들어 낼 수 있다.
* 연속적인 일러스트에 다양성과 함께 일관성을 줄 수 있다.
* 일러스트에 동반되는 본문과 창의성 있게 연관지을 수 있다.

교과 과정에 맞춰 조절하기

출판사의 디자인 스튜디오는 가능한 한 가장 효과적인 방식으로 그림책을 만들기 위해 작가, 편집자, 일러스트레이터, 디자이너가 한 팀을 이루고 있다. 모델이 되는 교실은 이런 실제적이고 사무적인 방식으로 책을 만든다는 같은 목적을 가지고 움직인다. 안타깝게도 교실에서의 학습은 서로 맞서는 교육 이념들의 타협안으로 이루어지기 십상이다. 교육을 오로지 정치적 수단으로만 생각하는 사람들 가운데서 교실과는 전혀 무관하게 발생하는 상반하는 압력에서 오는 요구들 사이에서 교사들은 줄타기를 해야 한다. 북아트 과정에는 정식 과목 외의 것은 없다. 그 안에 새로운 과목을 쑤셔 넣지도 않는다. 글쓰기, 데생, 공예는 교과 과정에 당당히 한 자리를 차지하고 있다. 그러므로 책 만들기는 추가해야 하는 일이 아니라 이미 만들어진 과목을 재편성해야 하는 일이다. 상황에 따라 과정을 이루는 여러 부분에 시간을 배분한다. 확실히 국어가 우선권을 가지기는 하지만 북아트가 시각적 언어도 높은 위치를 차지한다는 것을 확인시켜 준다. 다시 말하면 결국 교실 바깥의 상업과 의사소통의 세계가 그것을 어떻게 보고 있는가 하는 것이다.

간직해야 할 책

아이들이 학교에서 만든 책을 집에 가지고 오면 부모들은 책을 보고 기뻐하고 감동한다. 책은 이집 저집, 친척에서부터 친구들의 집까지 돌며 칭송을 받는다("이것 봐, 이걸 세라가 학교에서 만들었대!"). 그리고 친구들과 친척들은 자기 아이들도 이렇게 학교에서 책을 가지고 오기를 바라게 된다. 부모들이 교육 시스템의 '소비자'라면 아이들과 부모들이 보이는 이런 긍정적인 반응을 확인하면 북아트를 통해 글쓰기에 접근하는 방식이 훌륭한 방식이라는 확실한 신호를 교사들에게 보내 주어야 한다.

책이라는 길을 따라 여행하면서
그림이나 장식이라는 오아시스를 만나
잠시 야자나무 아래 앉아
우리의 생각을 부려 놓고
또 다른 지성의 물을 마시며
우리가 쫓아가는 생각을 보는 일은
기쁨이다.
그리하여 우리는 시작할 때처럼 그림을 보며 끝을 맺는다.

월터 크레인

부록 ★ 기본형의 책 형태

풍경화 방향 / 초상화 방향

일반적으로 책들은 수평 디자인(풍경화 방향)이나 수직 디자인(초상화 방향)이라고 생각한다.

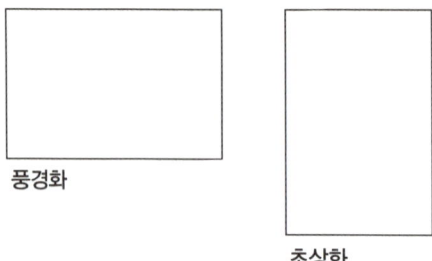

기본형 아코디언 책

1. 종이를 여덟 개의 직사각형으로 접은 자국을 낸 다음 펼친다.
2. 풍경화 방향으로 수평이 되게 접는다.
3. 책을 만들기 위해 아코디언처럼 페이지를 접는다.
4. 펼쳤을 때 뒤에 있는 네 페이지는 반드시 정반대여야 한다. 왼쪽 페이지들이 짝수이고, 기본형 책들은 2페이지에서 시작한다는 것이 출판 관행이기 때문이다.

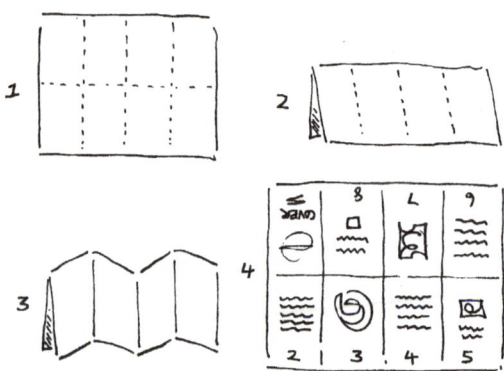

기본형 오리가미 책

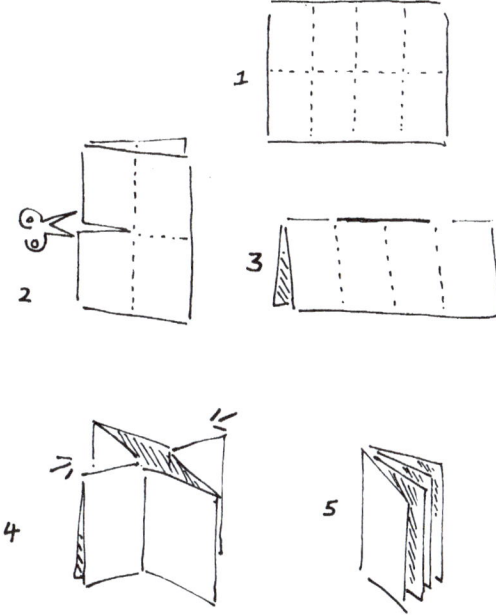

1. 종이를 여덟 개의 직사각형으로 접은 자국을 낸 다음 펼친다.
2. 펼쳐진 종이를 풍경화 방향으로 놓고 수직으로 반 접는다. 두 장으로 겹쳐진 부분을 가장자리 중앙에서부터 그림에 나타난 대로 자른다.
3. 종이를 펼치고 풍경화 방향으로 수평이 되게 접는다.
4. 왼쪽과 오른쪽 가장자리를 십자 모양이 되도록 가운데로 민다.
5. 여섯 페이지짜리 책이 되도록 각 부분들을 접는다.

연장된 아코디언 책

필요한 페이지 수만큼 만들려면 네 페이지로 접은 자국을 낸 종이조각을 간단하게 서로 덧붙일 수 있다. 그래서 학생들은 제한받지 않고 자유롭게 글을 쓸 수 있다. 학생들이 작업하는 데 정해진 모델이 있어서는 안 된다.

책만들며 크는 학교에서는 아이들과 함께 책만드는 세상을 만들어 가고자 합니다. 이곳에서는 '어린이북아트교육'에 관한 연구와 프로그램을 개발하여 아이들에게는 책만들기라는 새로운 체험을, 학부모와 교사들에게는 효과적인 교육 방법을 제공하고 있습니다.

www.makingbook.net

● 책만들며 크는 학교 시리즈

1. 메이킹북(Making Books)
한 장의 종이를 접고 자르고 붙여서 만들 수 있는 팝업북 31가지의 만드는 방법과 사례들이 담겨 있습니다. 또한 학부모와 교사들이 아이들과의 책만들기 활동에서 꼭 알아야 할 것들을 꼼꼼하게 짚어주고 있습니다.

폴 존슨 지음 / 김현숙 옮김

2. 나의 가족과 친구들(My Family and Friends)
가족과 친구들, 그리고 학교에서 벌어지는 여러 가지 일들에 대해 생각해 보고, 다양한 팝업책과 카드로 만들 수 있는 방법을 제시하고 있습니다. 읽고 쓰는 능력을 향상시킬 수 있는 가이드가 첨부되어 있습니다.

폴 존슨 지음 / 김 진 옮김

3. 페스티벌(Festivals)
기독교, 이슬람교, 불교 등 세계 6대 종교와 관련된 축제의 내용을 알아보고, 그 내용을 25가지의 팝업책과 카드에 담아낼 수 있도록 했습니다. 교사들을 위해서 종교 축제의 기원에 대해서 요약해 놓았습니다.

폴 존슨 지음 / 김명옥 옮김

4. 세계의 옛이야기(Traditional Tales)
〈알라딘과 요술 램프〉〈백설 공주〉〈신데렐라〉 등 아이들이 좋아하는 21가지 세계의 옛이야기를 읽고, 그 내용에 맞는 다양한 팝업책과 카드로 만들어볼 수 있도록 했습니다.

폴 존슨 지음 / 나유진 옮김

5. 나의 동물원 이야기(Animals)
아이들이 친숙하게 여기는 동물과 자연 환경에 대해 배우면서 과학적인 지식을 정리해 보고, 팝업책과 카드에 담도록 했습니다. 특히 아이들이 야외 학습 활동을 할 때 활용하는 여러 제안들이 첨부되어 있습니다.

폴 존슨 지음 / 나유진 옮김

6. 북아트를 통한 글쓰기 (Literacy Through the Book Arts)
폴 존슨의 대표적인 어린이 북아트 교육 이론서로 종이 한 장으로 아이들이 글쓰기와 그림으로 성취해 내는 모든 것들을 도표와 그림 사례 등을 통해 보여줍니다.

폴 존슨 지음 / 김현아 옮김

7. 스스로 만드는 책 (The Young Author's Do-It-Yourself Book)
어린이 스스로 글을 쓰고, 편집하고, 그림을 그리고, 제본하여 자신의 책을 출판하기까지의 과정과 방법을 쉽고 재미있게 가르쳐줍니다.

돈나 구트리 외 지음 / 김현우 옮김

8. 이야기 쓰는 법(Story Strategies)
어린이들의 행복한 글쓰기를 이끌어주는 아주 특별한 방법들을 소개합니다. 백지 증후군에서 벗어나 아이디어를 만들고 이야기를 쓸 수 있는 다양한 전략과 함께 실제 연습할 연습지를 실었습니다.

샐리 오저스 지음 / 김현아 옮김

9. 세계의 신화와 전설 1 (Stories from Around the World)
아이들에게 필독서로 꼽히는 신화 속의 인물, 전설적인 섬이나 동물을 멋진 팝업책과 카드로 만들어 볼 수 있고 세계의 여러 나라가 생겨난 배경을 알 수 있습니다.

폴 존슨 지음 / 성양환 옮김

10. 세계의 신화와 전설 2 (Stories from Around the World)
세계적으로 널리 알려진 전설을 통해 여러 나라의 이색적인 문화를 배우고 체험하며 다양한 팝업책과 카드를 만들 수 있습니다.

폴 존슨 지음 / 성양환 옮김

11. 역사 여행(Past Times)
어린이들은 위인전과 역사물을 통해 많은 것을 배웁니다. 이 책은 책에서 다루어진 역사 속의 인물이나 사건, 발명품, 건축물 등을 다양한 형태의 팝업책에 담아보며 역사를 다시 체험해보게 합니다.

폴 존슨 지음 / 성양환 옮김

12. 메이킹북 프로젝트(A Book of One's Own)
어린이들이 한 권의 책을 만드는 과정 중에 꼭 필요한 상상력 열기와 계획하기에 대한 다양한 아이디어를 제시합니다. 또한 어린이들이 쉽고 간단하게 만들 수 있는 책의 형태와 동·서양의 제본 방법을 단계별로 설명해 놓았습니다.

폴 존슨 지음 / 나유진 옮김

아이와 함께 시리즈

우리 아이와 함께 하는 지글보글 맛있는 글쓰기
게임처럼 재미있고 맛있는 23가지 글쓰기 아이디어입니다. 글쓰기를 지독하게 싫어하는 아이, 글쓰기라면 고개부터 돌리는 아이가 글쓰기를 즐기면서 할 수 있게 하는 다양한 방법을 제시합니다.
정성현 지음

아기들의 대화
0~6세 아이들의 언어 발달을 돕는 확실한 방법으로, 이 시기 아이들의 언어가 어떻게 발달하는지, 각 단계별로 부모가 어떤 역할을 해야 하는지, 그것들에 대해 이해하기 쉽게 다루고 있습니다.
켄 아펠·줄리아 매스터슨 지음 / 이승민 옮김

'안돼' 엄마 '싫어' 아이 – 평화롭게 싸우는 방법
'안돼'를 외치는 엄마와 '싫어'를 부르짖는 아이가 평화롭게 싸우는 방법을 알려줍니다. 아이들을 키우면서 항상 겪게 되는 의견 충돌을 지혜롭게 풀어나가는 방법입니다.
돌로렌스 카렌 지음 / 이영미 옮김

아이 속의 화가는 기다림 속에서 자란다
아트디렉터 홍동원의 그림 교육으로, 아이들에게 이야기가 들어 있고 개성이 살아 있는 그림을 그릴 수 있도록 하기 위해 어른들, 특히 부모가 어떤 역할을 해야 하는지를 잔잔하게 풀어놓았습니다.
홍동원 지음 / 홍승윤 그림

아이들의 잠, 일찍 재울수록 건강하고 똑똑하다
25년간 유아들의 잠을 연구해 온 저명한 소아과 전문의이자 네 아들의 아버지인 저자가 똑똑하고 행복한 아이로 키워주는 건강 수면법을 명쾌하게 제시합니다.
마크 웨이스블러스 지음 / 김지현 옮김

준비된 아이가 성공한다
초·중·고 학교생활의 성공은 올바른 생활습관과 좋은 학습태도에 달려 있습니다. 『초등학생 학습혁명』의 저자가 5~7세 때 습득해야 할 학교 적응기술을 알려 드립니다.
김숙희 지음

자신의 생각을 잘 표현하는 아이로 키워라
아나운서 원종배의 말하기 교육으로, 아나운서가 되기까지 피나게 노력을 기울였던 것과, 열매 아빠로서 느꼈던 말하기 교육의 문제점들, 나름대로 고안해낸 말하기 노하우를 재미있고 솔직 담백한 글로 담았습니다.
원종배 지음

그리기로 시작하는 처음 글쓰기(1-4단계)
그리기를 통해 아이들에게 사물을 정확하게 관찰하고 사고할 수 있는 힘을 키워주며, 이것을 자연스럽게 글쓰기로 이어가도록 해줍니다. 일상적인 소재에서 글쓰기를 시작할 수 있도록 그리기 대상을 사람, 동물, 교통기관으로 구성했습니다.
에반-무어사 기획 | 어린이북아트교육연구소 엮음

'할 수 없니?' '할 수 있어!!'
아이들의 기초 지식을 세워주는 데 필요한 책으로, 이제 막 배움의 세계로 들어갈 때 부모들이 아이를 위해 무엇을 어떻게 도와주어야 하는지에 대한 확실하고 특별한 방법을 제시합니다.
진롭·힐러리 레츠 지음 / 김진 옮김

글쓰기 시리즈

윤석중 할아버지와 함께하는 속담여행 1, 2, 3
동요작가 윤석중 선생님이 직접 들려주는 쉽고 재미있는 속담 이야기. 단순한 뜻풀이나 일방적인 가르침을 뛰어넘어 아이들이 상상력과 창의력을 맘껏 펼쳐보고 글쓰기 능력도 향상시킬 수 있도록 꾸며져 있습니다.
윤석중 지음

생각하는 힘을 길러주는 역사논술
역사 공부도 하고 글쓰기 능력도 길러주는 역사논술 워크북. 우리 역사를 제대로 살펴보고, 역사의 주인공이 되어 여러 가지 사실들에 대한 자신의 느낌과 생각을 다양한 방법으로 표현해볼 수 있도록 해줍니다.
정성현 지음

어린이북아트교육
Children's Making Book

●●● 어린이북아트교육 프로그램

책만들며 크는 학교는 아이들과 함께 책만드는 세상을 만들어가고자 합니다. 주어진 책을 읽는 데서 한 걸음 더 나아가 "나만의 책을 직접 만드는 방법"을 알려주고 이 과정을 통해 능동적이고 적극적인 태도로 책을 즐길 수 있도록 돕고 있습니다. 폴 존슨 교수가 진행한 "어린이 북아트 프로젝트"를 기초로 프로그램을 개발하여 아이들에게는 책만들기라는 새로운 체험을, 학부모와 교사에게는 효과적인 교육방법을 제공하고 있습니다.

● 어린이 강좌

이 강좌는 어린이들에게 책의 기본 개념을 이해하고 다양한 책만들기를 통해 '책방식(Book Way)'으로 사고하고 표현하는 능력을 키우게 하는 데 목적을 두고 있습니다.

이 활동 과정 속에서 아이들은 스스로 가지고 있는 무한한 상상력을 바탕으로 이야기 구성력을 키우고, 시각 언어를 자유롭게 구사할 수 있게 될 것입니다. 또한 시각적 의사소통 능력과 읽고 쓰기 능력의 향상을 통해 자신의 생각과 이야기를 더 적극적으로 표현해나갈 수 있을 것입니다.

■ 정기 강좌

강좌명	어린이북아트교육 ㅣ 나만의 책만들기
대상	유아 · 초등학생
기간	토요 체험 프로그램 (매월 2, 4주 토요일)
	8주 프로그램 (주 1회 총 8주간)

■ 특별 강좌 – 방학 특별 프로그램

강좌명	어린이북아트교육 ㅣ 나만의 책만들기
대상	유아 · 초등학생
기간	여름 · 겨울 방학 중
시간	4회 (주 1회 1시간 30분)

● 성인 강좌

■ 기초 강좌

강좌명	책만들기 활동, 어떻게 시작할까
대상	일반인 · 교사
기간	매월 1회 (3시간)

아이들과의 책만들기 활동을 처음 접하게 되는 학부모나 교사들에게 이 활동을 어떻게 시작하고, 이끌어줄 수 있을지 제안하고 있습니다. 책이라는 형태 안에 어떻게 문자 언어와 시각 언어를 활용하여 아이들의 창의력과 표현력을 이끌어낼지 사례를 통해 알아봅니다.

■ 전문 강좌

강좌명	어린이북아트교육의 이론과 실제
대상	일반인 · 교사
기간	12주 (주 1회 3시간 총 36시간)

폴 존슨의 '북아트 프로젝트' 이론을 바탕으로 아이들과 책만들기를 보다 효과적으로 이끌어 나가기 위한 전문 교육과정입니다. 책에 대한 전반적인 이해와 활용 방법, 그리고 효율적인 도구 사용 방법까지 이론뿐만 아니라 다양한 실제 활동을 통해 현장에서의 교육 효과를 높일 수 있도록 하고 있습니다.

▶ 기타 외부 교육과 관련된 문의는 저희 홈페이지(www.makingbook.net)나 기획운영팀으로 연락하시면 자세히 안내해 드립니다.
전화 02-765-2547   이메일 makingbook@hanmail.net